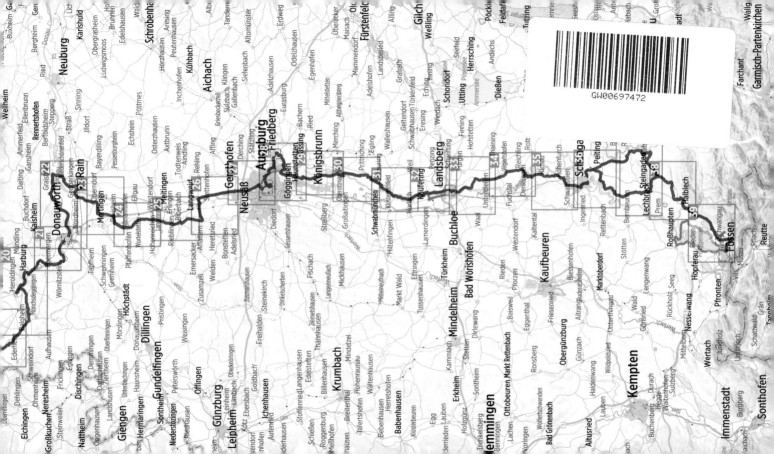

bikeline®-Radtourenbuch
Romantische Straße
© 1993-2019, **Verlag Esterbauer GmbH**
A-3751 Rodingersdorf, Hauptstr. 31
Tel.: +43/2983/28982-0, Fax: -500
E-Mail: bikeline@esterbauer.com
www.esterbauer.com
9. überarbeitete Auflage 2019
ISBN: 978-3-85000-795-5

Bitte geben Sie bei jeder Korrespondenz die Auflage und die ISBN an!

Dank an alle, die uns bei der Erstellung dieses Buches tatkräftig unterstützt haben, s. S. 132.

Das *bikeline*-Team: Birgit Albrecht-Walzer, Katharina Amon-Schneider, Sabine Bacher-Baumgartner, Beatrix Bauer, Michael Binder, Veronika Bock, Petra Bruckmüller, Roland Esterbauer, Dagmar Güldenpfennig, Martina Kreindl, Nora Ludolph, Gregor Münch, Karin Neichsner, Carmen Paradeiser, Sabrina Pusch, Claudia Retzer, Petra Schartner, Sonja Schleifer, Isabella Tillich, Christian Thoren, Martin Trippmacher, Carina Winkelhofer, Martin Wischin, Wolfgang Zangerl

Umschlagbilder: Bild gr.: © Inga Nielsen - fotolia; Bild kl. oben: © JFL Photography - fotolia; Bild kl. unten: Stadt Mad Mergentheim

Bildnachweis: arborpulchra: 15; Archiv Stadt Röttingen, Kerstin Hofmann: 43; Congress-Tourismus-Wirtschaaft Würzburg: 16; © Frank - fotolia: 48; Füssen Tourismus und Marketing: 112; Gregor Münch: 33, 64; © H. Arndt - fotolia: 72; © Holger Stutz - fotolia: 32; © Ichbins11 - fotolia: 50; © Joyce van Stan - fotolia: 84; © Markus Gann - fotolia: 96; © mojolo - fotolia: 26; © PRILL Mediendesign - fotolia: 36; Regio Augsburg: 86, 87, 88; © Roman Sigaev - fotolia: 30; Romantische Straße Touristik AG: 7; Stadt Creglingen: 46; Stadt Feuchtwangen: 58; Stadt Rain: 78; Stadt Schillingsfürst, Steffen Heidingsfelder: 54; © Thomas Jablonski - fotolia: 38; Tobias Klein: 116; Tourismusverband "Liebliches Taubertal": 39; Touristik Service Dinkelsbühl, David Haas: 62; Touristik Service Dinkelsbühl, Ingrid Wenzel: 60; Tourist-Info Nördlingen: 68; Tourist-Information Bad Mergentheim: 37; Touristinformation Creglingen: 44; Tourist Information Schongau, Diana Bruhn: 102; Tourist Information Wertheim, Peter Frischmuth: 22; © traveldia - fotolia: 74; Uwe Graf: 108; © were - fotolia: 90; © Werner Hilpert - fotolia: 28; www.guenterstandl.de: 114

bikeline® ist ein eingetragenes Warenzeichen. Alle Daten wurden gründlich recherchiert und überprüft. Erfahrungsgemäß kann es jedoch nach Drucklegung noch zu inhaltlichen und sachlichen Änderungen kommen. Alle Angaben ohne Gewähr. Alle Rechte vorbehalten. Kein Teil dieses Buches darf in irgendeiner Form ohne schriftliche Genehmigung des Verlages reproduziert oder unter Verwendung elektronischer Systeme verarbeitet, vervielfältigt oder verbreitet werden.

Kartografie erstellt mit *axpand*
(www.axes-systems.com)

Wetterfest und robust!

Für die Innenseiten dieses Buches haben wir uns etwas Besonderes einfallen lassen. Die Seiten bestehen aus hochwertigem Landkartenpapier, welches mit einer robusten und wasserabweisenden Beschichtung versehen wurde. Somit übersteht es unbeschadet auch mal ein Regenwetter.

Bitte beachten Sie: wetterfest und wasserabweisend bedeutet nicht wasserfest! Die Seiten sind gut gegen Spritzwasser geschützt und kleben, wenn sie feucht werden, nicht aneinander. Dennoch darf das Buch nicht komplett durchnässt werden.

Bitte verwenden Sie bei Dauerregen zusätzlich einen Regenschutz.

Was ist bikeline?

Wir sind ein Team von Redakteuren, Kartografen, Geografen und anderen Mitarbeitern, die allesamt begeisterte Radfahrerinnen und Radfahrer sind. Ins „Rollen" gebracht hat das Projekt 1987 eine Wiener Radinitiative, die begonnen hat, Radkarten zu produzieren. Heute tun wir dies als Verlag mit großem Erfolg. Mittlerweile gibt's bikeline® Bücher in fünf Sprachen und in vielen Ländern Europas.

Um unsere Bücher immer auf dem letzten Stand zu halten, brauchen wir auch Ihre Hilfe. Schreiben Sie uns, wenn Sie Unstimmigkeiten oder Änderungen in einem unserer Bücher entdeckt haben.

Wir freuen uns auf Ihre Rückmeldung (redaktion@esterbauer.com),

Ihre bikeline-Redaktion

Vorwort

Die Romantische Straße, einst für den motorisierten Ausflugsverkehr konzipiert, verbindet eine Reihe attraktiver Städte mit bewegter Geschichte sowie historischen Stadtkernen. Die rund 503 Kilometer lange Radroute verläuft aber auch durch überaus reizvolle Landstriche. Zum Beispiel durch das liebliche Taubertal, vielgerühmt wegen der wildromantischen Ufer und Weinberge sowie der prachtvollen Städte und Dörfer, allen voran Rothenburg ob der Tauber. Über die Frankenhöhe erreichen Sie das Nördlinger Ries, welches zum Radfahren geradezu prädestiniert ist. Auf der „Via Claudia Augusta" geht es nach Augsburg, wo vor allem die Fugger ein beeindruckendes Erbe hinterlassen haben. Der Lech begleitet Sie dann durch eine urbayrische Landschaft vorbei an der berühmtesten Barockkirche Bayerns, der Wieskirche. Die Märchenschlösser des Bayernkönigs Ludwig bilden bei Füssen schließlich den königlichen Abschluss Ihrer Radreise.

Präzise Karten, genaue Streckenbeschreibungen, zahlreiche Stadt- und Ortspläne, Hinweise auf das kulturelle und touristische Angebot der Region und ein umfangreiches Übernachtungsverzeichnis – in diesem Buch finden Sie alles, was Sie für eine Radtour entlang der Romantischen Straße brauchen – außer gutem Radlwetter, das können wir Ihnen nur wünschen.

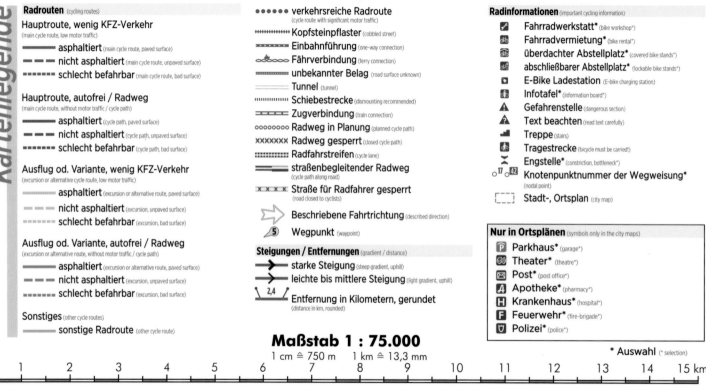

Kartenlegende

Radrouten (cycling routes)

Hauptroute, wenig KFZ-Verkehr
(main cycle route, low motor traffic)

━━━━ asphaltiert (main cycle route, paved surface)
━ ━ ━ nicht asphaltiert (main cycle route, unpaved surface)
▪▪▪▪▪ schlecht befahrbar (main cycle route, bad surface)

Hauptroute, autofrei / Radweg
(main cycle route, without motor traffic / cycle path)

━━━━ asphaltiert (cycle path, paved surface)
━ ━ ━ nicht asphaltiert (cycle path, unpaved surface)
▪▪▪▪▪ schlecht befahrbar (cycle path, bad surface)

Ausflug od. Variante, wenig KFZ-Verkehr
(excursion or alternative cycle route, low motor traffic)

▪▪▪▪▪ asphaltiert (excursion or alternative route, paved surface)
▪ ▪ ▪ nicht asphaltiert (excursion, unpaved surface)
▪ ▪ ▪ schlecht befahrbar (excursion, bad surface)

Ausflug od. Variante, autofrei / Radweg
(excursion or alternative route, without motor traffic / cycle path)

━━━━ asphaltiert (excursion or alternative route, paved surface)
━ ━ ━ nicht asphaltiert (excursion, unpaved surface)
▪▪▪▪▪ schlecht befahrbar (excursion, bad surface)

Sonstiges (other cycle routes)

━━━━ sonstige Radroute (other cycle route)

●●●●● verkehrsreiche Radroute
(cycle route with significant motor traffic)

▨▨▨▨▨ Kopfsteinpflaster (cobbled street)

▧▧▧▧▧ Einbahnführung (one-way connection)

≈≈≈≈≈ Fährverbindung (ferry connection)

━━━━ unbekannter Belag (road surface unknown)

━━━━ Tunnel (tunnel)

▪▪▪▪▪ Schiebestrecke (dismounting recommended)

▭▭▭▭ Zugverbindung (train connection)

ooooooo Radweg in Planung (planned cycle path)

xxxxxxx Radweg gesperrt (closed cycle path)

▥▥▥▥▥ Radfahrstreifen (cycle lane)

━━━━ straßenbegleitender Radweg
(cycle path along road)

▱x▱x▱x Straße für Radfahrer gesperrt
(road closed to cyclists)

⇨ Beschriebene Fahrtrichtung (described direction)

⑤ Wegpunkt (waypoint)

Steigungen / Entfernungen (gradient / distance)

➤ starke Steigung (steep gradient, uphill)

➤ leichte bis mittlere Steigung (light gradient, uphill)

⎵2,4⎵ Entfernung in Kilometern, gerundet
(distance in km, rounded)

Radinformationen (important cycling information)

🔧 Fahrradwerkstatt* (bike workshop*)
🚲 Fahrradvermietung* (bike rental*)
🅿 überdachter Abstellplatz* (covered bike stands*)
🔒 abschließbarer Abstellplatz* (lockable bike stands*)
🔌 E-Bike Ladestation (E-bike charging station)
ℹ Infotafel* (information board*)
⚠ Gefahrenstelle (dangerous section)
⚠ Text beachten (read text carefully)
🪜 Treppe (stairs)
🚶 Tragestrecke (bicycle must be carried!)
⤬ Engstelle* (constriction, bottleneck*)
o¹⁷ 📟 Knotenpunktnummer der Wegweisung*
(nodal point)
⬚ Stadt-, Ortsplan (city map)

Nur in Ortsplänen (symbols only in the city maps)

🅿 Parkhaus* (garage*)
🎭 Theater* (theatre*)
✉ Post* (post office*)
💊 Apotheke* (pharmacy*)
H Krankenhaus* (hospital*)
F Feuerwehr* (fire-brigade*)
Ⓥ Polizei* (police*)

* Auswahl (* selection)

Maßstab 1 : 75.000

1 cm ≙ 750 m   1 km ≙ 13,3 mm

0 1 2 3 4 5 6 7 8 9 10 11 12 13 14 15 km

Sehenswertes / Einrichtungen (sights of interest / facilities)

- Kirche; Kapelle (church; chapel)
- Kloster (monastery/convent)
- Synagoge; Moschee (synagogue; mosque)
- Schloss, Burg; Ruine (palace, castle; ruin)
- Turm; Leuchtturm (tower; lighthouse)
- Wassermühle; Windmühle (watermill; windmill)
- Kraftwerk (power station)
- Bergwerk; Höhle (mine; cave)
- Flughafen; Denkmal (airport; monument)
- sonstige Sehenswürdigkeit (other sight of interest)
- Museum (museum)
- Ausgrabungen; röm. Objekte (excavations; roman site)
- Tierpark; Naturpark-Information (zoo; nature info)
- Naturpark, -denkmal (nature reserve, monument)
- sonstige Natursehenswürdigkeit (natural sight of interest)
- Aussichtspunkt* (panoramic view*)
- Tourist-Information; Gasthaus (tourist information; restaurant)
- Hotel, Pension; Jugendherberge (hotel, guesthouse; youth hostel)
- Camping-; Naturlagerplatz* (camping site; simple tent site*)
- Einkaufsmöglichkeit*; Kiosk* (shopping facility*; kiosk*)
- Rastplatz*; Unterstand* (picnic tables*; covered stand*)
- Freibad; Hallenbad (outdoor pool; indoor pool)
- Naturbad; Thermal-/Erlebnisbad (natural pool; thermal baths/waterpark)
- Brunnen*; Parkplatz* (drinking fountain*; parking lot*)

__Schönern__ sehenswertes Ortsbild (picturesque town)
- Einrichtung im Ort vorhanden (facilities available)

Topographische Informationen (topographic information)

- Kirche; Kapelle (church; chapel)
- Kloster (monastery)
- Synagoge; Moschee (synagogue; mosque)
- Schloss, Burg; Ruine (palace, castle; ruins)
- Turm; Leuchtturm (tower; lighthouse)
- Wassermühle; Windmühle (windmill; water mill)
- Kraftwerk; Solaranlage (power station; solar power station)
- Bergwerk; Höhle (mine; cave)
- Denkmal; Hügelgrab (monument; burial mound)
- Flughafen; Flugplatz (airport; airfield)
- Windkraftanlage (windturbine)
- Funk- und Fernsehanlage (TV/radio tower)
- Umspannwerk, Trafostation (transformer station)
- Wegkreuz; hist. Grenzstein (wayside cross; boundary stone)
- Sportplatz, Stadion (playing field, stadium)
- Golfplatz; Tennisplatz (golf course; tennis courts)
- Schiffsanleger; Schleuse (boat landing; sluice/lock)
- Quelle; Kläranlage (natural spring; wastewater treatment plant)
- Staatsgrenze mit Übergang (international border crossing)
- Landesgrenze (country border)
- Kreis-, Bezirksgrenze (district border)
- Naturschutzgebiet, Naturpark, Nationalpark (nature reserve, national park)
- Truppenübungsplatz, Sperrgebiet (prohibited zone)
- Höhenlinie 100m/50m (contour line)
- UTM-Gitter (in km; 2 km-Gitter) (UTM-grid)

- Autobahn; Schnellstraße (motorway/freeway; expressway)
- Fernverkehrsstraße (highway)
- Hauptstraße (main roads)
- untergeordnete Hauptstraße (secondary main road)
- Nebenstraße; Fahrweg (secondary road; side street/access road)
- Weg; Fähre (track; ferry)
- Straße geplant/in Bau (road planned/under construction)
- Eisenbahn/Bahnhof; S-Bahnhof (railway/station; suburban station)
- Eisenbahn stillgelegt; geplant (railway disused; planned)
- Schmalspurbahn (narrow gauge railway)
- Bergbahn; Seilbahn (mountain railway; cable car)
- Wald; Parkanlage (forest; park)
- Sumpf; Heide (marsh/bog; heath)
- Weinbau; Gartensiedlung* (vineyards; allotment gardens*)
- Steinbruch, Tagebau* (quarry, open cast mine*)
- Friedhof; Düne, Strand (cemetery; dunes, beach)
- Watt; Gletscher (tidal flats; glacier)
- Felsen; Geröll (rock, cliff; scree)
- Gewächshäuser*, Plantage* (greenhouses*, plantation*)
- Gewerbe-, Industriegebiet (commercial/industrial area)
- Siedlungsfläche; öffentl. Gebäude (built-up area)
- Stadtmauer, Mauer (defensive wall, wall)
- Damm, Deich (embankment, dike)
- Kanal (canal)
- Fluss/Staumauer/See (river/dam/lake)

5

Inhalt

Stadtpläne

Die Romantische Straße

Die Romantische Straße ist die bekannteste Ferienstraße Deutschlands. Schon um die Jahrtausendwende zogen die Römischen Heere auf der „Via Claudia Augusta" aus dem damaligen Römischen Reich über die rätische Hauptstadt Videlicorum (Augsburg) bis hinauf an den Main. Später entwickelte sich die Straße zu einer der wichtigsten Fernhandelsstraßen Europas, die Italien mit den wirtschaftlich blühenden Städten Süd- und Mitteldeutschlands verband.

Im Januar 1950 hat man nun die historische Bedeutung der alten Handelsstraße aufgegriffen und die Nord-Süd-Verbindung vom Main bis zu den Alpen zur „Romantischen Straße" erklärt. „Romantisch" an dieser Strecke ist natürlich nicht die Straße, sondern die gut erhaltenen, mittelalterlichen Städte mit

ihren zahlreichen, sehenswerten Burgen und Schlössern.

Da Sie aber mit dem Fahrrad vom Main in den Süden radeln wollen, werden Sie nicht nur romantische Städtchen, sondern auch idyllische Landschaften kennen lernen, die abseits des hektischen Verkehrs der Autoreisenden liegen. Auf den Spuren der Römer radeln Sie auf einer speziell fürs Fahrrad konzipierten und durchgängig beschilderten Route vom Frankenland übers Schwabenländle ins Bayerische hinunter.

Streckencharakteristik

Länge

Die Gesamtlänge des Radweges Romantische Straße beträgt **503 Kilometer**. Die zusätzlich beschriebenen Varianten und Ausflüge haben eine Länge von 54 Kilometern.

Wegequalität, Verkehr & Steigungen

Wegequalität: Zum Großteil verläuft die Radroute Romantische Straße auf kleinen, ruhigen und asphaltierten Landstraßen; teilweise führt sie auch auf asphaltierten oder gesandeten Radwegen. Es gibt auch Wald- und Feldwege, wo Sie – selten aber doch – mit weniger gut befahrbaren Wegstücken rechnen müssen.

Verkehr: Das Verkehrsaufkommen hält sich auf den kleinen Landstraßen sehr in Grenzen. Nur selten müssen Sie aus Ermangelung eines Radweges kurz auf die Straße ausweichen.

Steigungen: Steigungen bleiben Ihnen auf dieser Radroute nicht erspart. Zwischen Würzburg und dem Taubertal durchfahren Sie hügeliges Land, hier müssen Sie mit häufigem Auf und Ab rechnen. Das Taubertal selbst ist dann wieder flacher, obwohl auch hier immer wieder leichte Steigungen auftreten aufgrund von Hanglagen des Radweges. Hinter Rothenburg geht's dann über die Frankenhöhe, Steigungen sind hier an der Tagesordnung bis Sie das Tal der Wörnitz erreicht haben. Von da ab bis nach Landsberg am Lech bleiben Sie dann großteils steigungsfrei, danach spürt man, dass das Alpenvorland immer näher rückt.

Beschilderung

Es gibt eine durchgehende Beschilderung für die Romantische Straße mit einem einheitlichen Logo. Die Beschilderung wurde nach dem hinweisenden System des ADFC konzipiert. Außerdem können Sie sich an der Beschilderung der **D-Route 9** orientieren, da der Verlauf der Romantischen Straße der D-Route 9 entspricht.

Tourenplanung

Zentrale Infostellen

Romantische Straße, Touristik-Arbeitsgemeinschaft GbR, Segringer Str. 19, D-91550 Dinkelsbühl, ✆ 0049/(0)9851/551387, Fax 0049/(0)9851/551388, info@romantischestrasse.de, www.romantischestrasse.de

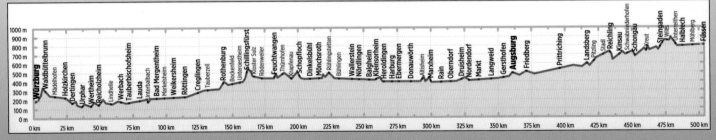

Anreise & Abreise mit der Bahn

Sowohl der Ausgangspunkt der Route, Würzburg, als auch das Ziel, Füssen, liegen am Netz der Deutschen Bahn und sind bequem mit Regionalzügen zu erreichen.

Aufgrund der sich ständig ändernden Preise und Bedingungen für Fahrradtransport bzw. -mitnahme empfehlen wir Ihnen, sich bei nachfolgenden Infostellen über Ihre ganz persönliche Anreise mit der Bahn zu informieren.

Informationsstellen

Deutsche Bahn AG Radfahrer Hotline: ☏ 01806/996633 (€ 0,20 pro Anruf aus dem Festnetz, Tarif bei Mobilfunk max. € 0,60 pro Anruf), Mo-So 8-20 Uhr, Auskünfte über Zugverbindungen, zur Fahrradmitnahme, Fahrpreise im In- und Ausland, Buchung von Tickets und Reservierungen, www.bahn.de, www.bahn.de/bahnundbike

Automatische DB-Fahrplanauskunft: ☏ 0800/1507090 (gebührenfrei aus dem Festnetz)

ADFC, Allgemeiner Deutscher Fahrrad-Club e. V.: weitere Infos und aufgeschlüsselte Einzelverbindungen unter www.adfc.de/bahn

Österreichische Bundesbahnen: **CallCenter** ☏ 05/1717 (österreichweit zum Ortstarif), www.oebb.at

Schweizer Bundesbahnen: **Rail-Service** ☏ 0900/300 300 (CHF 1,19/ Min.), www.sbb.ch

Fahrradtransport

Hermes-Privat-Service (innerhalb Deutschlands): ☏ 0900/1311211 (max. € 0,60/Min.) www.myhermes.de
Unter der Rubrik "Versenden/ Gepäck&Fahrrad" erfahren Sie die aktuellen Preise und Modalitäten für den Fahrradversand.

An- und Abreise mit dem Auto

Wenn Sie lieber mit Ihrem eigenen Pkw anreisen wollen, so können Sie Würzburg auch bequem über die Autobahn erreichen. Sei es von Norden über die A 7, von Westen oder Osten über die A 3 oder von Süden kommend über die A 81. Zent-

rumsnah stehen Ihnen auch einige gratis Parkplätze ohne Zeitbeschränkung zur Verfügung. Informieren Sie sich unter: www.gratisparken.de/bayern/wuerzburg. Von Füssen gelangen Sie bequem mit der Bahn (Füssen-Würzburg mehrmals täglich, Fahrzeit 4-5 Stunden, 1-3 mal Umsteigen) oder den Bussen der Romantischen Straße an Ihren Ausgangsort zurück.

Übernachtung

Bei unseren Recherchen haben wir eine größtmögliche Auswahl für Sie zusammengestellt. Für alle, die Alternativen oder einfach noch mehr Anbieter suchen, gibt es nachfolgende Internet-Adressen, die auch Beherbergungen der etwas anderen Art anbieten:

Der ADFC-Dachgeber funktioniert nach dem Gegenseitigkeitsprinzip: Hier bieten Radfreunde anderen Tourenradlern private Schlafplätze an. Mehr darüber unter www.dachgeber.de

Das **Deutsche Jugendherbergswerk** stellt sich unter www.djh.de mit seinen vierzehn Landesverbänden vor.

Auch die **Naturfreunde** bieten mit ihren **Naturfreundehäusern** eine Alternative zu anderen Beherbergungsarten an, mehr unter www.naturfreunde.de

Unter www.camping.info oder www.campingplatz.de finden Sie flächendeckend den **Campingplatz** nach Ihrem Geschmack.

Weiterhin bietet **Bett+Bike** unter www.bettundbike.de zusätzliche Informationen zu den beim ADFC gelisteten Beherbergungsbetrieben in ganz Deutschland.

Mit Kindern unterwegs

Der Radweg Romantische Straße ist für Kinder ab 10-12 Jahren geeignet. Für kleinere Kinder ist die Strecke nicht empfehlenswert, da die Route zwar auf verkehrsarmen, jedoch meist nicht auf gänzlich verkehrsfreien Straßen verläuft. Hindernis sind aber vor allem die Steigungen, die abschnittsweise doch sehr anstrengend sind.

Bekleidung

Für eine gelungene Radtour ist die Bekleidung ein wichtiger Faktor. Der Markt für Outdoorbekleidung aus verschiedensten Materialien ist mittlerweile unübersichtlich, deswegen hier nur einige Grundregeln.

In erster Linie gilt das „Zwiebelprinzip": Mehrere Schichten erfüllen verschiedene Funktionen und lassen sich separat tragen und vielfältig kombinieren. Die unterste Schicht soll Schweiß vom Körper weg führen, darüber folgen bei Bedarf eine wärmende Schicht und zuletzt die äußerste Hülle, die Wind und Regen abhalten, trotzdem aber dampfdurchlässig sein soll.

Als Materialien kommen entweder Kunstfasern (leicht, wenig Feuchtigkeitsaufnahme) oder hochwertige Wolle (etwas schwerer, wärmt aber auch im nassen Zustand und nimmt kaum Geruch an) in Frage. Baumwolle ist als Sportbekleidung weniger geeignet (nimmt viel Feuchtigkeit auf und braucht sehr lange zum Trocknen).

Nicht sparen sollte man bei der Radhose, ein gutes Sitzpolster ist hier entscheidend.

Radreiseveranstalter

Es ist auch möglich die Radtour mit Gepäcktransport im Voraus zu buchen:

Eurobike, A-5162 Obertrum am See, ☎ 0043/6219/7444, www.eurobike.at;

Rad-Touren-Teufel, D-97042 Würzburg, ☎ 09333/9045970, www.radtourenteufel.de

Velotours Touristik GmbH, D-78467 Konstanz, ☎ 07531/98280, www.velotours.de;

Velociped Fahrradreisen, D-35039 Marburg, ☎ 06421/886890, www.velociped.de;

Vielfalt Reisen, D-50999 Köln-Sürth, ☎ 02236/67101;

Rückenwind Reisen, D-26133 Oldenburg, ☎ 0441/485970, www.rueckenwind.de

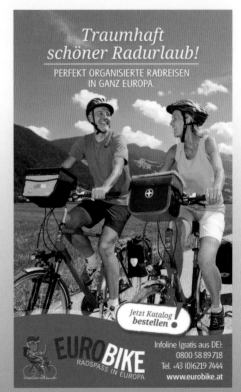

Zu diesem Buch

Dieser Radreiseführer enthält alle Informationen, die Sie für den Radurlaub entlang der Romantischen Straße benötigen: Exakte Karten, eine detaillierte Streckenbeschreibung, ein ausführliches Übernachtungsverzeichnis, Stadt- und Ortspläne und die wichtigsten Informationen zu touristischen Attraktionen und Sehenswürdigkeiten.

Und das alles mit der *bikeline*-Garantie: die Routen in unseren Büchern sind von unserem professionellen Redaktionsteam vor Ort auf ihre Fahrradtauglichkeit geprüft worden.

Um höchste Aktualität zu gewährleisten, nehmen wir nach der Befahrung Korrekturen von Lesern bzw. offiziellen Stellen bis Redaktionsschluss entgegen, die dann jedoch teilweise nicht mehr an Ort und Stelle verifiziert werden können.

Die Radtour ist nicht in Tagesetappen, sondern in logische Abschnitte aufgeteilt, weil die Tagesleistung zu sehr davon abhängt, wie sportlich oder genussvoll Sie die Strecke in Angriff nehmen möchten.

Die Karten

Die Detailkarten sind im Maßstab 1 : 75.000 erstellt. Dies bedeutet, dass 1 Zentimeter auf der Karte einer Strecke von 750 Metern in der Natur entspricht. Zusätzlich zum genauen Routenverlauf informieren die Karten auch über die Beschaffenheit des Bodenbelages (befestigt oder unbefestigt), Steigungen (leicht oder stark), Entfernungen sowie über kulturelle, touristische und gastronomische Einrichtungen entlang der Strecke.

Allerdings können selbst die genauesten Karten den Blick auf die Wegbeschreibung nicht ersetzen. Komplizierte Stellen werden in der Karte mit diesem Symbol ⚠ gekennzeichnet, im Text finden Sie das gleiche Zeichen zur Markierung der betreffenden Stelle wieder. Beachten Sie, dass die empfohlene Hauptroute immer in Rot und Violett, Varianten und Ausflüge hingegen in Orange dargestellt sind. Die genaue Bedeutung der einzelnen Symbole wird in der Legende auf den Seiten 4 und 5 erläutert.

Höhen- und Streckenprofil

Das in der Einleitung dargestellte Höhen- und Streckenprofil gibt Ihnen einen grafischen Überblick über die Steigungsverhältnisse, die Länge und die wichtigsten Orte entlang der Radroute. Zusätzlich wird am Beginn jedes Streckenabschnitts ein detaillierteres Höhen- und Streckenprofil gezeigt, in dem über die Wegpunkte eine Zuordnung zu Karte und Text möglich ist. Es können in diesem Überblick nur die markantesten Höhenunterschiede dargestellt werden, jede einzelne kleinere Steigung wird in dieser grafischen Darstellung nicht berücksichtigt. Die Steigungs- und Gefälleverhältnisse entlang der Route finden Sie im Detail mit Hilfe der Steigungspfeile in den genauen Karten.

Der Text

Der Textteil besteht im Wesentlichen aus der genauen Streckenbeschreibung, welche die empfohlene Hauptroute enthält. Stichwortartige Streckeninformationen werden von dem Zeichen ∼ begleitet. Manche besonders markante oder wichtige Punkte auf der Strecke sind als Wegpunkte **1**, **2**, **3**,… durchnummeriert und – zur besseren Orientierung – mit dem selben Symbol in den Karten wieder zu finden.

Unterbrochen wird dieser Text gegebenenfalls durch orangefarbige Absätze, die Varianten und Ausflüge beschreiben.

TIPP Textabschnitte in Violett heben Stellen hervor, an denen Sie Entscheidungen über Ihre weitere Fahrstrecke treffen müssen, z. B. wenn die Streckenführung von der Wegweisung abweicht oder mehrere Varianten zur Auswahl stehen u. ä.

AUSFLUG Sie weisen auch auf Ausflugstipps, interessante Sehenswürdigkeiten oder Freizeitaktivitäten etwas abseits der Route hin.

Ferner sind alle wichtigen **Orte** zur besseren Orientierung aus dem Text hervorgehoben. Gibt es interessante Sehenswürdigkeiten in einem Ort, so finden Sie unter dem Ortsbalken die jeweiligen Adressen, Telefonnummern, Öffnungszeiten-Kategorien und Weblinks.

Die Beschreibung der einzelnen Orte sowie historisch, kulturell oder naturkundlich interessanter Gegebenheiten entlang der Route trägt zu einem abgerundeten Reiseerlebnis bei. Diese Textblöcke sind kursiv gesetzt und unterscheiden sich dadurch auch optisch von der Streckenbeschreibung.

Öffnungszeiten – Kategorien

- ◔ Öffnungszeiten
- ㉔ frei zugänglich
- ⑦ täglich
- ⊖ häufig (5-6 Tage/Wo.)
- ⊖ durchschnittlich (3-4 Tage/Wo.)
- ⊖ selten (bis 2 Tage/Wo.)
- ☏ nach tel. Anfrage

Diese Angaben gelten während der Radsaison und dienen als Orientierungshilfe. Die tagesaktuellen Öffnungszeiten finden Sie über den Weblink.

Weblink

Im Ortsdatenblock bei dem jeweiligen touristischen Eintrag befindet sich nach dem @ Symbol eine sechsstellige Zahlen- und Buchstabenkombination *(z. B. @ abc123)*. Die Eingabe dieser Weblink-ID auf unserer Internetseite www.esterbauer.com leitet Sie direkt auf die entsprechende Webseite weiter und ersetzt somit die mühsame Eingabe ellenlanger Webadressen.

Übernachtungs- und Serviceverzeichnis

Auf den letzten Seiten dieses Radtourenbuches sind zu fast allen Orten entlang der Strecke eine Vielzahl von Übernachtungsmöglichkeiten aufgelistet, vom einfachen Zeltplatz bis zum 5-Sterne-Hotel. Zusätzlich finden Sie umfangreiche Informationen zu Radwerkstätten und Radverleihstationen.

AndersRum

Die blauen Texteinschlüsse mit der Bezeichnung „AndersRum" beschreiben die Strecke von Füssen nach Würzburg und finden sich jeweils neben der dazugehörigen Karte im Textteil des Buches.

Von Würzburg nach Rothenburg

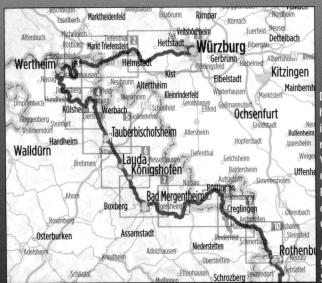

Der erste Abschnitt der Radtour führt Sie von der Barockstadt Würzburg durch hügelige Wälder über Wertheim in das entzückende Taubertal. Der Tauber ist es gegönnt, ganz frei von jedweder Begradigung durch ihr Tal zu mäandrieren. Ihren Ufern folgen Sie durch die liebliche Flussaue in die romantische Welt mittelalterlicher Städte. Schlösser machen ihre Aufwartung, in vielen Gotteshäusern trifft man auf die holzgeschnitzten Kunstwerke des Tilman Riemenschneider, doch den krönenden Abschluss dieses Abschnittes bildet das reizende Städtchen Rothenburg ob der Tauber mit seinen verwinkelten Gassen und den schiefen Fachwerkhäusern aus dem Mittelalter.

Auf Forstwegen und kleinen Landstraßen gelangen Sie ins Taubertal, dort geht es entlang des Flüsschens auf gemütlichen Wegen weiter. Nennenswerte Steigungen gibt es hauptsächlich zwischen Würzburg und dem Taubertal.

Panorama, Würzburg

Würzburg

Vorwahl: 0931

ℹ **Allgemeiner Deutscher Fahrradclub**, Bahnhofpl. 4, ☎ 781362, @ wcy855

ℹ **Tourist Information & Ticket Service im Falkenhaus**, Oberer Markt 9, ☎ 372398, @ qun637

ℹ **Tourist Information Würzburg und Fränkisches Weinland**, Turmg. 11, ☎ 372335, @ fgq748

⛴ **Schiffstouristik Würzburg**, Alter Kranen, Roter Kiosk, ☎ 58573, @ wgr143

🏛 **BBK-Galerie**, Oskar-Laredo-Pl. 1, ☎ 50612 ☺ Die Galerie zeigt zeitgenössische Kunst aus der Region. @ mxa774

🏛 **Fürstenbaumuseum**, Festung Marienberg, ☎ 3551750 ☻ Hier erhalten Sie einen Einblick über die Stadtgeschichte Würzburgs, die Wohnwelt der Würzburger Fürstbischöfe, Goldschmiedearbeiten und liturgische Gewänder. @ acy466

🏛 **Jüdisches Museum „Shalom Europa"**, Valentin-Becker-Str. 11, ☎ 4041441 ☻ Kulturzentrum der israelitischen Gemeinde in Würzburg. @ ayy511

🏛 **Museum für Franken**, Festung Marienberg, ☎ 205940 ☻ Hier entdecken Sie eine Sammlung fränkischer Kunstwerke (weltberühmte Plastiken von Tilman Riemenschneider), Zeugnisse fränkischer Weinkultur und eine Volkskundeabteilung mit Trachtensammlung. @ kbl655

🏛 **Museum im Kulturspeicher**, Oskar-Laredo-Pl. 1, ☎ 322250 ☻ Die Sammlung

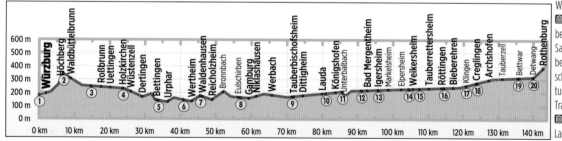

Residenz, Würzburg

der Städtischen Galerie sowie die Sammlung Peter C. Ruppert zur Konkreten Kunst des 20. Jhs. werden im umgebauten Getreidespeicher präsentiert. @ hpw525

- **St.-Kilians-Dom**, Domstr. 43, ✆ 38662900. Die viertgrößte romanische Kirche Deutschlands stammt aus dem 11./12. Jh. und wurde um 1700 barock dekoriert. 1945 ist sie teilweise ausgebrannt, der Wiederaufbau erfolgte im Jahr 1967. @ kef514
- **Don-Bosco-Kirche**, Schottenanger 15, ✆ 20577060. Die Kirche wurde mehrmals umgebaut und geht auf eine Klostergründung schottischer Mönche zurück.
- **Neumünster**, Kürschnerhof, ✆ 38662900. Die romanische Basilika aus dem 11. Jh. besteht aus einem mächtigen Kuppelbau und einer prächtigen Barockfassade aus dem 18. Jh. @ diu688

- **Wallfahrtskirche Käppele**, Spittelbergweg 21, ✆ 79407760. Nach Plänen von Balthasar Neumann (1747-1750) erbaut, mit malerischem Stationsweg mit 14 Kapellen und lebensgroßen Figurengruppen. @ isx412
- **Augustinerkloster**, Dominikanerpl., ✆ 30970. Eine Niederlassung des ehemaligen Dominikanerklosters bestand bereits seit 1262. Die Ordensbrüder beschäftigen sich insbesondere mit der Innenstadtseelsorge.
- **Karmelitenkloster**, Sanderstr. 12, ✆ 354320. Das Reurerkloster besteht seit 1627 und verschafft Einblick in das Kloster der Unbeschuhten Karmeliten. @ kje717
- **Stift Haug**, Bahnhofstr. 4, ✆ 54102. Aufgrund des bis zur Säkularisation 1803 dazugehörigen Kollegiatstifts ist die Pfarrkirche besser bekannt als Stift Haug. @ bfa352
- **Festung Marienberg**, ✆ 3551750 🍽 Die Festung wurde 1201 auf den Grundfesten der ursprünglichen Fliehburg aus der Hallstattzeit (um 1000 v. Chr.) gegründet. 1253-1719 wurde sie Residenz der Fürstbischöfe. Der Ausbau zur Barockfestung erfolgte nach der Eroberung durch Gustav Adolf von Schweden. @ cmd453
- **Residenz Würzburg und Hofgarten**, Residenzpl. 2, ✆ 355170. Erbaut wurde die Residenz im 18. Jh. und gilt als eines der bedeutendsten Schlösser Europas. Des Weiteren wurde es von der UNESCO als Weltkulturerbe klassifiziert. @ fnc244
- **Huttenschlösschen**, Sanderglacisstr. 10. Das barocke Bauwerk (1720) dient heute als Korporationshaus einer Studentenver-

bindung und wurde vom damaligen Domdekan und späteren Fürstbischof Christoph Franz von Hutten erbaut.

- **Mainfranken Theater**, Theaterstr. 21, ✆ 3908124, @ idt216
- **Alte Mainbrücke** 🕓 Bis 1886 war das Bauwerk der einzige Flussübergang Würzburgs.
- **Alte Universität**, Domerschulstr. 16. In einem erfolgreichen zweiten Anlauf gründete Julius Echter von Mespelbrunn 1582 die Universität – das Gebäude gilt als wahres Prunkstück der Würzburger Innenstadt.
- **Brauerei Gasthof Alter Kranen**, Kranenkai 1, ✆ 99131546 🕓, @ njg648
- **City Tour Würzburg**, Balthasar-Neumann-Promenade, ✆ 09401/6079977. Stadtrundfahrt mit dem City-Train, @ xak817
- **Japanischer Garten**, Höchberger Str. 10 🕓 Anlässlich der Landesgartenschau von 1990 entstand der Garten als ein Beitrag der Partnerstadt in Otsu und repräsentiert die Verbundenheit der beiden Städte. @ byr186
- **Lusamgärtchen** 🕓 Der Zugang befindet sich nördlich vom Chor der Neumünsterkirche und ist die Grabstätte Walthers von der Vogelweide. Erhalten blieb der Nordflügel des Kreuzgangs, welcher aus rotem Sandstein erbaut wurde.
- **Dallenbergbad**, König-Heinrich-Str. 52, ✆ 36 2655, @ fmp745
- **Sandermare**, Virchowstr. 1, ✆ 260240, @ shj824
- **Wolfgang-Adami-Bad**, Oberer Bogenweg 1, ✆ 79795-0, @ ydn484

Wenn Sie in Würzburg die Festung Marienberg erklimmen, – ein Weg ohne Treppen führt in

Serpentinen hinauf und ist somit fahrradtauglich – können Sie von hier oben einen wundervollen Blick auf die Altstadt werfen, die, mit zahlreichen Türmen geschmückt, zu Ihren Füßen liegt. Bereits im 8. Jahrhundert v. Chr. bestand hier auf dem Marienberg eine befestigte Höhensiedlung, 1.500 Jahre später, im 7. Jahrhundert n. Chr., hatten die fränkischen Herzöge schon eine Burg errichtet. Sie nannten sie das Castellum Wirciburg.

Am Fuße der mächtigen und eindrucksvollen Befestigungsanlagen wurde von dem ersten Würzburger Bischof Burkard das Kloster St. Andreas gegründet. Diesseits des Mains entstand rund um das Kloster das Mainviertel, eine Fischersiedlung mit verwinkelten Gässchen und hübschen Häusern.

Rechts des Mains, verbunden mit dem Mainviertel und der Festung durch die älteste Steinbrücke über den Main, die Alte Mainbrücke aus dem Jahr 1133, entwickelte sich eine blühende Siedlung, die im 12. Jahrhundert das Stadtrecht verliehen bekam. Das selbstbewusste Bürgertum versuchte immer wieder, sich von der Herrschaft der Bischöfe zu befreien. Die Bürger hatten jedoch keinen Erfolg, und ihren Bemühungen

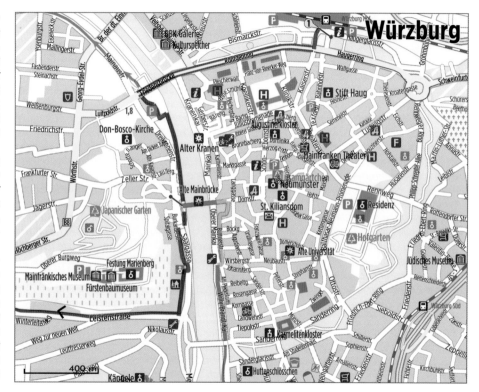

hinsichtlich einer Befreiung von der Geistlichkeit wurde mit der Schlacht bei Bergtheim und im Bauernkrieg endgültig ein Ende gesetzt.

Die reiche Stadt blieb natürlich nicht von Kriegen und Plünderungen verschont. Während des Dreißigjährigen Krieges gelang es den Schweden sogar, die bisher als uneinnehmbar geltende Festung auf dem Marienberg zu stürmen und zu plündern. Dem Elend dieses verheerenden Krieges folgte wieder eine Zeit der Blüte für die Stadt. Unter dem Fürstbischof Philipp von Schönborn erlangte die Stadt einen besonderen baulichen und architektonisch künstlerischen Reiz.

Balthasar Neumann und Tilman Riemenschneider sind sicherlich jene Künstler, die Würzburg am stärksten und nachhaltigsten durch ihre Kunst geprägt haben. Der Autodidakt Neumann kam ursprünglich als Glockengießergeselle in die Stadt und erlangte bald Ruhm und Ehre und so wichtige Aufträge wie den Bau der Residenz. Die Herrschaft aus dem Hause Schönborn wollte mit diesem Schloss, das als das schönste deutsche Barockschloss gilt, etwas Ebenbürtiges zu Versailles und Schönbrunn schaffen, um die wirtschaftliche und politische Abhängigkeit von diesen Mächten zu überspielen.

Auch der Bildschnitzergeselle Tilman Riemenschneider kam einst auf seinen Wanderungen nach Würzburg und blieb, mit Aufträgen überhäuft, in der Stadt. Der Künstler wurde später zum Bürgermeister gewählt. Diese Karriere nahm jedoch während der Bauernkriege 1525 ein abruptes Ende, da er sich auf die Seite der Bauern stellte. Aber seine zahlreichen Plastiken sind weit über das Frankenland hinaus berühmt und seine Altäre schmücken die unzähligen Kirchen der Stadt, deren Türme weithin von der Herrschaft der Bischöfe erzählen.

Der Dom St. Kilian, eins der größten romanischen Bauwerke in Deutschland, ist das beste Beispiel hierfür. Er entstand ursprünglich über dem Grab des heiligen Kilian, an der Stelle, an der heute das Neumünster steht. An seinem jetzigen Standort und in seiner heutigen Form wurde der Dom Ende des 13. Jahrhunderts fertiggestellt. Gleich nebenan, nördlich des Domes, wurde, ebenfalls im 13. Jahrhundert, die katholische Pfarrkirche Neumünster errichtet. Die beiden heiligen Stätten sind räumlich nur durch den Kiliansplatz, ein eingeebneter Lei-

AndersRum (Karte 1): Von **Uettingen** über **Roßbrunn** nach **Mädelhofen** ∿ hier nach der Dorfmitte rechts ab und den Ort auf dem **Stöckleinsweg** verlassen ∿ bei **3** zweimal links abbiegen ∿ unter L468 durch ∿ nächste Kreuzung leicht links queren ∿ nach dem Waldstück links und gleich wieder rechts ∿ vorbei an der Kläranlage ∿ Verlauf parallel zur B8 folgen ∿ **Waldbüttelbrunn** auf der Ortsdurchfahrtsstraße queren ∿ gegen Ortsende links auf den Radweg ∿ an der Kreuzung im Wald geradeaus ∿ bei **2** rechts abbiegen ∿ in **Höchberg** links auf **Waldstraße** ∿ rechts **Bayernstraße** ∿ rechts **Münchener Straße** ∿ links **Würzburger Straße** und gleich rechts in den Radweg ∿ Radweg entlang **Leistenstraße** ∿ nach **Würzburg** hinein ∿ am Main unten links ∿ entlang **Burkardergasse** ∿ nach dem Biergarten am Main entlang ∿ über den Parkplatz, zur **Friedensbrücke** hinauf und auf dieser über den Main ∿ entlang des **Röntgenrings** ∿ der **Hauptbahnhof** befindet sich links.

chenhof, getrennt. An das Neumünster angegliedert ist das Lusamgärtchen, das Sie durch die nördliche Seitentür der Kirche erreichen. In diesem kleinen Hof finden Sie die Gedenkstätte des Dichters und Minnesängers Walther von der Vogelweide, der hier gar begraben sein soll. Sehenswert ist auch das historische Juliusspital, eine gemeinnützige Stiftung des Fürstbischofs

Julius Echter von Mespelbrunn aus dem Jahr 1576. Unter dem prächtigen, barocken Fürstenbau liegen die Weine des Weingutes, die auch zum Unterhalt des Krankenhauses, des Altenheimes und der Armen beitragen. Jeder Schluck Wein bedeutet somit auch eine gute Tat.

Von Würzburg nach Uettingen 19,7 km

1 Die Radwegweiser der Romantischen Straße empfangen Sie direkt am **Bahnhofsvorplatz** ~ biegen Sie rechts auf den Röntgenring ab ~ auf der **Friedensbrücke** den Main überqueren ~ rechts abbiegen und in einem Rechtsbogen unter die Brücke hindurch ~ am linken hinteren Ende beginnt der Radweg.

Das Frankenland

Besinnen Sie sich auf Ihrer Fahrt auf diesen waldigen Hügeln ein wenig des Landes, in dem Sie sich gerade befinden: das Frankenland. Das Land der Franken hat eine lange und lebhafte Geschichte hinter sich. Schon im 6. Jahrhundert wanderten die Franken vom Neckar in dieses Gebiet ein und schufen so das östliche Franken, das sich dann unter den Sachsenkaisern im 10. Jahrhundert zu einem eigenen Herzogtum entwickelte.

Anfang des 16. Jahrhunderts, als Kaiser Maximilian das Reich in 10 Kreise einteilte, legte er 24 der zersplitterten Territorien zu dem Reichskreis Franken zusammen. Mit dem Wiener Kongress zu Beginn des 18. Jahrhunderts hörte Franken als eigenständiges Gebiet auf zu existieren und wurde auf die Länder Bayern, Hessen, Baden und Württemberg verteilt. Das Frankenland bildet nichtsdestotrotz noch eine kulturelle Einheit und kann aufgrund dieser bewegten Geschichte in keine genauen Grenzen gezwängt werden.

Wenn Sie zeitlich noch sehr viel weiter zurückgehen und die Erdgeschichte dieses Gebietes betrachten, dann stellen Sie fest, dass Sie sich im schwäbisch-fränkischen Schichtstufenland befinden. Die Schichtstufenlandschaft ist durch die unterschiedlichen Gesteinsbeschaffenheiten entstanden und zeichnet sich durch eine Abfolge von Flächen und Stufen aus. Bei den unterschiedlichen Geländeformen spricht man vor allem von Waldland und Gäu, wobei hier im Schwäbisch-Fränkischen die Gäulandschaften weit verbreitet sind. Sie sind außerordentlich

AndersRum (Karte 2): **Urphar** links umfahren ~ vor **Bettingen** links auf **Hauptstraße** abbiegen ~ am Ortsende rechts auf **L617** ~ gleich wieder links auf **Dertinger Weg** ~ **A3** über Brücke queren ~ Kreisverkehr 2.Ausfahrt **Hymerring** ~ nach Halle links abfahren ~ rechts am Wald vorbei ~ **Dertingen** auf **Aalbachstraße** durchfahren ~ am Ortsende rechts **Am Oberen Tor** ~ nach 50 m wieder links ~ **Wüstenzell** rechts umfahren auf **Mühlenweg** ~ bei **Holzkirchen** rechts auf **Klosterstraße** abbiegen ~ links Richtung Wald halten ~ **Uettingen** rechts umfahren ~ nach **Hollerbuschweg** rechts auf **Felsenkellerweg** halten ~ in der folgenden Rechtskurve links auf **Mühlweg** abbiegen ~ weiter auf **Roßbrunner Weg.**

fruchtbar, da der Untergrund mit Löss, einem vom Wind angewehten, sehr feinen Material, überdeckt ist.

Im Waldland des schwäbisch-fränkischen Schichtstufenlandes befindet sich unter Ihren Rädern der sogenannte Muschelkalk, ein fast 200 Millionen Jahre altes Gestein, das entstanden ist, als dieses Gebiet hier vom Meer überflutet war. Wenn Sie ein Stück Muschelkalk näher betrachten, können Sie Spuren von versteinerten Muscheln und anderen Meerestieren erahnen.

Mainschleife bei Wertheim

Nach der **Alten Mainbrücke** beim Biergarten die Unterführung auf die **Burkardergasse** nehmen ᔕ auf dieser geradeaus bis zur Kirche ᔕ geradeaus durch das Tor hindurch ᔕ am Parkplatz rechts halten ᔕ durch die Unterführung.

Wenn Sie am Ende der Burkarderstraße das Tor durchfahren, bedenken Sie, dass Sie sich gerade unterhalb des hochgelegenen Chores der Kirche St. Burkard, der Pfarrkirche des ehemaligen Fischerviertels, befinden. Es war die Kirche eines Benediktinerklosters, das im 8. Jahrhundert hier gegründet worden war. Auffällig ist die scharfe Trennung der Kirche in den romanischen Teil und den gotischen Chor, der gerade über Ihnen schwebt.

An der **Leistenstraße** rechts auf den Rad- und Fußweg ᔕ es geht stetig bergauf nach Höchberg ᔕ entlang der Hauptstraße ᔕ dem Radwegeverlauf folgen und durch eine Unterführung ᔕ weiter auf dem Radweg entlang der Hauptstraße ᔕ im Ortsgebiet beim Radwegende weiter auf der **Münchener Straße**.

Höchberg

Vorwahl: 0931

🛈 Markt Höchberg, Hauptstr. 58, ✆ 497070, @ uhd151
🏊 Mainlandbad, Rudolf-Harbig-Pl. 3, ✆ 408871, @ jti861

An der übernächsten T-Kreuzung biegen Sie links in die **Bayernstraße** ein ᔕ an der T-Kreuzung links, **Waldstraße** ᔕ auf Höhe der Sportplätze rechts ᔕ geradeaus weiter bis Sie die Kreuzung bei der **Alten Kaiserstraße** erreichen ᔕ **2** links abbiegen ᔕ geradeaus weiter bis diese in einen Begleitweg mündet ᔕ links durch die Unterführung der **B 8** und Sie erreichen Waldbüttelbrunn.

Waldbüttelbrunn

Sie folgen der **Würzburger Straße** ᔕ leicht links in die **August-Bebel-Straße**, die zur **Frankfurter Straße** wird, die wiederum am Ortsende in einen Radweg übergeht ᔕ an Feldern und Wäldern entlang über eine Querstraße ᔕ nach einer Kläranlage bei der T-Kreuzung links und kurz darauf wieder rechts ᔕ an der Gabelung rechts halten ᔕ die Vorfahrtsstraße nach links versetzt queren ᔕ bei der folgenden Abzweigung rechts halten ᔕ bis zur Unterführung der **B 468** ᔕ gleich danach scharf links halten ᔕ **3** zweimal rechts abbiegen ᔕ dieser Weg mündet in den **Stöckleinsweg** in Mädelhofen ᔕ bei der **Kilianstraße** links durch den Ort ᔕ immer geradeaus weiter nach **Roßbrunn** ᔕ in der leichten Rechtskurve die Ortsdurchfahrtsstraße geradeaus in die **Uettinger Straße** verlassen ᔕ auf dieser weiter nach Uettingen ᔕ kurz vor Uettingen an einer Mühle vorbei ᔕ an der T-Kreuzung rechts ᔕ bei der Kreuzung an der **Helmstädter Straße** rechts abbiegen und gleich wieder links in den **Hollerbuschweg**.

Uettingen

Vorwahl: 09369

✉ Freibad, Mühlweg 8, ✆ 2601, @ fuk318

Von Uettingen nach Wertheim   **23,2 km**
Mit Blick auf den Galeriewald des Aalbaches weiter nach Holzkirchen.

Holzkirchen (Unterfranken)

4 Kurz vor dem Ortsbeginn links in den Wald abbiegen ～ bei **Wüstenzell** an der Hauptstraße links und gleich wieder rechts dem Straßenverlauf bis Dertingen folgen.

Dertingen (Wertheim)

Vor Ortsbeginn bei der T-Kreuzung rechts abbiegen ～ links in die **Aalbachstraße** abbiegen ～ am Ortsende rechts auf den Radweg wechseln ～ geradeaus weiter bis nach Bettingen ～ beim Kreisverkehr im Industriegebiet die zweite Ausfahrt nehmen ～ über die Brücke ～ gleich rechts abbiegen und dem Straßenverlauf rechts an den Häusern vorbei folgen.

Bettingen (Wertheim)

Vorwahl: 09342

✪ **Art of Chocolate**, Almosenberg 15, ✆ 09324/9784690 ⊜ Gläserne Schokoladenmanufaktur mit Kunstausstellungen lässt Sie die Welt des Genusses live erleben. @ afd538

AndersRum (Karte 3):

Parallel zur Bahnlinie nach **Reicholzheim** ～ an der Vorfahrtsstraße links und gleich rechts zum Campingplatz, Am Ottersberg ～ in **Waldenhausen** vom **Talweg** rechts auf den **Rüdenholzweg** ～ nach Ortsende links der Tauber halten ～ bis nach **Wertheim** Tauber auf Höhe **Hospitalgasse/Stadtbücherei** queren ～ **Brückengasse** Richtung **Marktplatz** ～ stadtauswärts auf **Eichelgasse** ～ **Packhofstraße** queren ～ rechts des Mains weiter Richtung Urphar ～ **Am Eicheler Eck** links auf **Eichelsetz** ～ rechts auf Brunnengasse ～ weiter auf Kirchgasse ～ vor **Mainschleuse** links halten.

✪ **TOPPELS Haus Über Kopf**, Almosenberg 6, ✆ 9345558 ⊜ In der verdrehten Welt mit Cafe steht alles Kopf! @ dcm425

Biegen Sie an der T-Kreuzung nach der Industriezone rechts auf die **L 617** ab und danach gleich wieder links auf die Hauptstraße ～ bis zum Ortsende folgen ～ nach der Überquerung des Aalbachs **5** rechts auf den Radweg abbiegen ～ entlang der **Main-Schleife** bis nach Urphar.

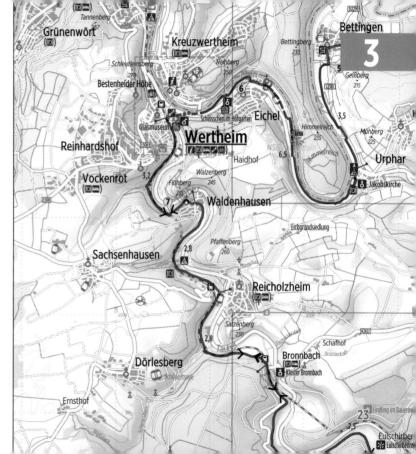

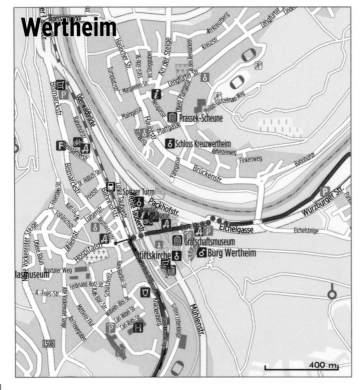

Wertheim

Urphar (Wertheim)
Vorwahl: 09342

🏰 **Jakobskirche**, ✆ 4817. Die Wehrkirche aus der Romanik bestand wohl bereits im 8. Jh. als erster, steinerner Wehrturm in Urphar.

Der Radweg verläuft weiter links des Mains parallel zur Straße ∿ vor der **Schleuse Eichel** rechts halten ∿ bei der nächsten Abzweigung links ∿ danach gleich wieder rechts ∿ vorbei an Sportplätzen erreichen Sie das Siedlungsgebiet von Wertheim ∿ **6 Am Eicheler Eck** rechts abbiegen ∿ dem Radweg wieder entlang des Flusses folgen ∿ Sie unterfahren die Brücke die rechts nach Kreuzwertheim führt.

Kreuzwertheim
Vorwahl: 09342

🏛 **Verwaltungsgemeinschaft**, Lengfurter Str. 8, ✆ 926232, ✆ 926233, @ dqv574

🏛 **Prassek-Scheune**, Pfarrg. 9, ✆ 01515/1162828 ♿ Das Museum befindet sich in einer 400 Jahre alten Fachwerkscheune neben dem Schloss. Ausgestellt sind ca. 2000 Exponate, die das Leben zwischen dem 19. und Mitte des 20. Jhs. der „alten Grafschaft" behandelt. @ pjq741

🏰 **Schloss Kreuzwertheim**, Hauptstr. Das im 18. Jh. als Landbau errichtete und Ende des 19. Jhs. von Fürst Ernst und Fürstin Wanda zum Wohnsitz umgestaltete Schloss Kreuzwertheim ist auch heute noch Wohnstatt des Adels. Hier residiert die Fürstenfamilie Löwenstein-Wertheim-Freudenberg. @ vcw325

📋 Um in das Zentrum von Wertheim zu gelangen, nehmen Sie die Auffahrt stadteinwärts entlang der **Eichelgasse** zum Marktplatz.

Wertheim
Vorwahl: 09342

ℹ **Tourismus Region Wertheim GmbH**, Gerberg. 16, ✆ 935090, @ mpc581

⛴ **Reederei Henneberger**, Mainufer, Zugang über Maing., ✆ 09371/3330 ♿ Diverse Rundfahrten sowie Fahrt nach Miltenberg mit Ausstiegsmöglichkeiten in Bürgstadt und Freudenberg. Fahrräder dürfen kostenlos mit an Bord genommen werden. @ rol254

🏛 **Glasmuseum**, Mühlenstr. 24, ✆ 6866 Meisterstücke der Glasbläserkunst von den Anfängen bis in die heutige Zeit. @ mly473

© TOURISMUS REGION WERTHEIM GmbH/Holger Leue/Spessart Mainland
© TOURISMUS REGION WERTHEIM GmbH/Peter Frischmuth/Argus"

Grafschaftsmuseum, Rathausg. 6-10, ☎ 301511 📧 Das historische Museum der Stadt zeigt Kunst und Volkskunst aus der Grafschaft, wie Kleider und Trachten, Scherenschnitte, Münzsammlung u. v. m. @ kgw687

Museum Schlösschen im Hofgarten, Würzburger Str. 30, ☎ 301511 📧 Zu sehen sind Gemälde der Berliner Secession, von Malern aus dem Rhein-Main-Neckar-Raum, sowie Pariser Porzellan. @ uwi147

Ev. Stiftskirche St.Marien, Mühlenstr. 3-5, ☎ 1367. Die spätgotische Basilika ist tagsüber für Andacht und Besuch geöffnet und wurde 1481 von der Pfarrkirche zur Stiftskirche erhoben.

Burg Wertheim, Schlossg. 11, ☎ 913238 📧 Die Burg aus dem 12. Jh. ist eine der größten Steinburgruinen Süddeutschlands und liegt auf einem Sporn zwischen Main und Tauber. @ ick741

Spitzer Turm, Mainpl. 2. Der Spitze Turm am Mainplatz aus dem 13. Jhd. diente als Wach- und Wartturm und später als Gefängnis.

Engelsbrunnen, Mühlenstr. 4 📧 Der Engelsbrunnen, eines der Wahrzeichen der Stadt, wurde im 16. Jh. aus einheimischem rotem Sandstein erbaut. Der Platz mit dem Brunnen wird von schönen Fachwerkhäusern umrahmt.

Kittsteintor, Nebenritterg. 8 📧 Sämtliche Hochwassermarken sind an der Nordseite des barocken Gartenhäuschens eingemeißelt.

Segtrail Main-Spessart, Krautäcker 3, ☎ 93467290, @ fen384

Freibad, In den Christwiesen 25, ☎ 5200, @ erm247

Am Zusammenfluss von Main und Tauber mitten in einer landschaftlich reizvollen Umgebung

TOURISMUS REGION WERTHEIM GmbH
ZWEI FLÜSSE - EINE REGION - TAUSEND MÖGLICHKEITEN

ROUTE DER GENÜSSE

Zentrum der Route der Genüsse | Mitglied der Romantischen Straße
Burg Wertheim und Burgbähnchen | Historische Altstadt mit tollen Museen
Shoppingparadies | Weinstadt | Radeln entlang Main und Tauber

Wertheim – einst mittelalterliche Residenzstadt, wo sich heute Historie mit Neuzeit vereint. Erfahren Sie Wissenswertes und Lustiges bei einer unserer Stadtführungen oder bei ihrem individuellen Streifzug.

Entdecken Sie Wertheim – wir freuen uns auf Sie!

Gerbergasse 16 | DE-97877 Wertheim
Tel. +49 (0) 9342 93509-0 | Fax +49 (0) 9342 93509-20
info@tourismus-wertheim.de | **www.tourismus-wertheim.de**

Blick auf Altstadt, Wertheim

liegt die romantische und mittelalterliche Stadt Wertheim. Imposantes Wahrzeichen aus vergangenen Tagen ist eine mächtige Steinburgruine über der Altstadt. Ein Besuch lohnt sich das ganze Jahr beim Konzert im Burggraben oder bei einem Glas Wein auf der Sonnenterasse des Burgrestaurants. Reich verzierte Fachwerkhäuser, kleine Plätze und schmale Gassen sowie zahlreiche Sehenswürdigkeiten prägen das Stadtbild. Kulturliebhaber dürfen sich auf hochrangige Kunstsammlungen und weitere Ausstellungen im Grafschafts- und Glasmuseum und im Museum Schlösschen im Hofgarten freuen. Wertheim, das Shoppingeldorado, ob beim gemütlichen Einkaufsbummel in der Innenstadt oder im Luxus Outlet Shopping Wertheim Village.

Wertheim liegt im Zentrum der „Route der Genüsse". Nach Herzenslust Schlemmen, Genießen, Probieren, Verkosten oder direkt beim Erzeuger einkaufen. Dies ist Genuss auf höchstem Niveau, wie er in dieser Dichte einmalig ist. Seit 2016 ist Wertheim Mitglied der „Romantischen Straße".

Wertheim ist idealer Ausgangspunkt für Rad- und Wanderaktive. Gemütliche Flachstrecken vorbei an herrlichen Flusslandschaften, verkehrsarm und top beschildert.

Die älteste Siedlung Wertheims entstand am nördlichen Mainufer wahrscheinlich im 8. Jahrhundert. Kreuzwertheim wurde der Ort aufgrund des Marktkreuzes, dem Zeichen der Marktgerechtigkeit, genannt. Kaiser Heinrich II. hatte eben diese im Jahr 1009 dem Bischof von Würzburg verliehen. Die Burg über dem Zusammenfluss von Main und Tauber und die Siedlung südlich des Mains, das heutige Wertheim, sind erst später entstanden. Erstmals wurde die Burg im 12. Jahrhundert, als Sitz der Grafen von Wertheim erwähnt, wurde aber im Dreißigjährigen Krieg zweimal zerstört, inzwischen aber restauriert und für Besucher wieder zugänglich gemacht und bewirtschaftet. Die

Ruine Wertheim gilt heute als die zweitgrößte Burgruine Süddeutschlands. Zu Füßen der Burg auf dem dreieckigen Sporn am Zusammenfluss von Main und Tauber wurde eine Kaufmanns- und Handwerkersiedlung planmäßig angelegt, die ständig erweitert werden musste. Über die Jahrhunderte hinweg entwickelte sich Wertheim zu einer wohlhabenden Wein- und Tuchhandelsstadt. Mitte des 20. Jahrhunderts gesellte sich als neuer Wirtschaftszweig dann noch die Glasmacherei hinzu. Zeugnisse davon können Sie im Glasmuseum bewundern.

Die verwinkelte Altstadt bezaubert mit anmutigen Fachwerkbauten, darunter auch das schmalste Fachwerkhaus Frankens „das Haus der Ritter von Zobel" am Marktplatz. Genauso lohnend ist auch der Weg zur Ruine. Der Blick von oben auf die roten ineinandergeschachtelten Dächer hat seinen ganz besonderen Reiz.

Von Wertheim nach Tauberbischofsheim 28,5 km

Verlassen Sie den Marktplatz auf der **Brückengasse** ⤳ über die Tauberbrücke ⤳ danach weiter links auf die **Hämmelsgasse** ⤳ immer entlang der Bahn fürt der Weg nach Süden

7 über die Gleise und auf dem **Rüdenholzweg** nach **Waldhausen** hinein ∿ fahren Sie weiter auf der **Kirchäckerstraße** ∿ bei der nächsten Kreuzung leicht rechts auf den Talweg stadtauswärts ∿ auf der Straße **Zum Ottersberg** nach Reichholzheim hinein ∿ an der Hauptstraße links und vor der Tauber rechts in den **Waldenbergweg**, am anderen Tauberufer liegt die Ortschaft.

> Von nun an folgen Sie der Beschilderung des „Lieblichen Taubertals".

Reichholzheim (Wertheim)

Sie fahren links neben der Bahntrasse, welche Sie beim Schönertsbach unterqueren ∿ der Radweg setzt sich rechts der Bahn fort.

> Fahren Sie nach dem Waldstück links über die Bahn und über die Tauberbrücke und statten Sie dem Kloster Bronnbach einen Besuch ab.

AndersRum (Karte 4): Von **Werbach** am linken Ufer an **Niklashausen** vorbei ∿ durch **Gamburg** ca. 3 km außerhalb vor der **Eulschirbenmühle** links und die nächste rechts abbiegen ∿ nach **Kloster Bronnbach** Bahnunterführung rechts nehmen.

Bronnbach (Wertheim)

Vorwahl: 09342

🏛 **Kloster Bronnbach**, Bronnbach 9, ☎ 935202020
ⓘ Das ehemalige Zisterzienserkloster wurde Mitte des 12. Jhs. gegründet. Sehenswert sind das Innere der Kirche sowie der Kreuzgang aus dem 13. Jh. (Stauferkunst) und die Vinothek.
@ bio774

Die Abtei, ganz aus dem heimischen Buntsandsteinkalk und in typischer Zisterziensermanier an der Flanke eines Tales erbaut, lag ursprünglich in einem entlegenen Winkel des Taubertales. Nach den Regeln ihres Ordens widmeten sich die Mönche ganz der Bibellektüre und körperlicher Arbeit. Bis ins 14. Jahrhundert war der Wein Hauptausfuhrprodukt des Klosters, das damals auch für

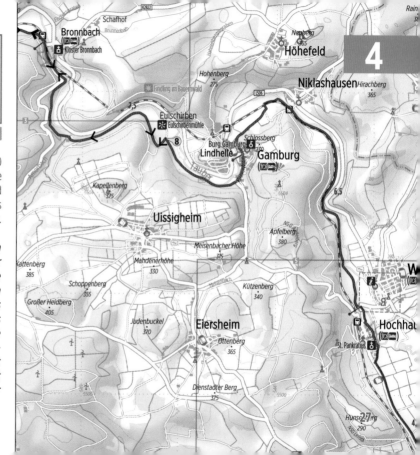

die Intensivierung des Weinbaus im Taubertal verantwortlich war.

Wein aus dem Bocksbeutel

Auch wenn das Taubertal seit der territorialen Neugliederung im Jahre 1810 zu Baden gehört, von der Seele der Menschen war es seit jeher Frankenland. Und so wundert es nicht, wenn auf den Flaschen der Winzer an der Tauber zu lesen steht: „Badisches Frankenland". Auch das Recht, jene seltsame, bauchige Flasche, den Bocksbeutel, verwenden zu dürfen, teilen sich die Taubertaler Winzer mit ihren fränkischen Kollegen. Dieses Markenzeichen jedes guten Frankenweines wurde wohl aus der Feldflasche

Gamburg

entwickelt. Die Grenzen, innerhalb deren Wein in diese begehrten Flaschen abgefüllt werden darf, sind seit eh und je Grund zu Streitigkeiten zwischen fränkischen, badischen und württembergischen Weinerzeugern.

Der Weinbau hat im Taubertal bereits zur Zeit der Christianisierung Einzug gehalten, im 17. Jahrhundert stellt das ganze Frankenland einen riesigen zusammenhängenden Weingarten dar. Wein, zu dieser Zeit in unvorstellbaren Mengen von jedermann genossen, stellte die Grundlage für Wohlergehen oder Armut des Landes dar. Heute ist der Weinbau stark zurückgegangen, Franken zählt zu den kleinen, aber qualitativ hochwertigen Weinbaugebieten Deutschlands. Jahrhundertelang überwog die Silvanerrebe, in den letzten 20 Jahren wurde dieser kräftige, harmonische Wein von der Müller-Thurgau-Rebe überholt, eine frühreife Sorte mit leichten, milden Weinen, die auch in nicht so sonnenreichen Jahren ihr Aroma entfalten kann. Vereinzelt wird auch Traminer, Riesling und Rieslaner, eine Kreuzung zwischen Riesling und Silvaner, angepflanzt. Ebenso wichtig für den Geschmack des Weines ist die Gesteinsart, auf der er wächst. Der mit Tonmergel versetzte Muschelkalk des Taubertales bildet eine nährstoffreiche, hitzeab-strahlende und wasserdurchlässige Grundlage für Qualitätswein. Durch den Einsatz moderner Berieselungsanlagen können auch die Maifröste und die sommerliche Trockenheit dem Wein nichts anhaben.

In den zahlreichen Gaststätten und Weinkellern fällt es sicher nicht schwer, den Frankenwein ausreichend zu verkosten und mehr über ihn zu erfahren.

Sie setzen die Fahrt entlang der Tauber fort vor Gamburg haben Sie die Möglichkeit links zur **8** Eulschirbenmühle abzubiegen.

Gamburg (Werbach)

Vorwahl: 09348

🛈 **Bürgermeisteramt Werbach**, Hauptstr. 59, Werbach, ☏ 09341/92080, @ tgp572

🏰 **Burg Gamburg**, Burgweg 29, ☏ 605 ⊟ Mit ihrem mächtigen Bergfried erhebt sie sich stolz über dem Dorf. Über Jahrhunderte war sie ein Lehen des Erzstiftes Mainz. Die Burg befindet sich heute im Privatbesitz und kann nach Voranmeldung in Form einer Führung besichtigt werden. @ xms583

❋ **Eulschirbenmühle**, Eulschirben 2, ca. 1,5 Kilometer tauberabwärts 24 Beim Bau der Mühle im 12. Jh. wurden Tonscherben von Töpfen (Eulen) aus einer unbekannten Epoche gefunden. Der Bau wurde im 16. Jh. im üppigen Renaissance-Stil neu errichtet.

AndersRum (Karte 5 und 6): In **Königshofen** an der **B 292** links und dann rechts ~ entlang der Gleise nach **Lauda** ~ links durch die Bahnunterführung ~ über den **Gässleinsweg** rechts in die **Josef-Schmitt-Straße** ~ in die **Bachgasse** links ~ wieder rechts in die **Marienstraße** ~ auf der **Pfarrstraße** aus dem Ort hinaus und nach **Distelhausen** ~ **Dittigheim** durchfahrend in Tauberbischofsheim weiter, **Taubenhausweg** ~ links in die **Vitryallee** ~ wieder links den **Grabenweg** entlang und über den **Dittigheimer Weg** zum Schlossplatz ~ die Fußgängerzone querend, rechts der **St.-Lioba-Straße** bis zum **Marktplatz** folgen ~ am Rathaus vorbei, links in die **Blumenstraße** ~ geradeaus weiter ~ danach rechts auf die **Pestalozziallee** ~ an der Ampel links ~ weiter durch **Hochhausen** ~ links der Tauber weiter bis **Gamburg.**

Hier an den Ufern der Tauber, nahe der Gamburg erzählt man sich die Sage von der schönen Melusine. In der Eulschirbenmühle diente ein wunderschönes Mädchen dem Müller als Magd, verschwand jedoch regelmäßig am Donnerstagabend spurlos, um ebenso plötzlich am Samstag wieder aufzutauchen. Der Graf der Gamburg war bezaubert von dem schönen Mädchen und beobachtete es eines Abends dabei, wie sie am Ufer der Tauber ihre Kleider von sich warf und in die Fluten eintauchte. Im

Mondlicht konnte er erkennen, dass Sie eine Wasserfrau war. Trotzdem der Graf verheiratet war, versteckte er aus Liebe die Kleider der Flussnixe, die ihm dadurch verfallen war. Er baute ihr ein kleines Schloss am Tauberufer, das unterhalb des Wasserspiegels genausoviele Zimmer hatte wie oberhalb und so konnte Melusine zu besagter Zeit immer in der Tauber untertauchen.

Dies wollte aber dem Müller gar nicht gefallen und er eilte ins Kloster nach Bronnbach, um bei den Mönchen um Rat zu bitten. Diese gaben ihm ein mit geheimnisvollen Zeichen beschriebenes und geweihtes Blatt, mit dem er den dubiosen Zauber bannen könnte. Er legte beides am Samstagmorgen, als das Mädchen wieder erscheinen sollte, auf die Kellertreppe. Man hörte lautes Wehklagen und danach einen schweren Fall ins Wasser. Und siehe da: Die schöne Melusine war für immer verschwunden. Der Graf starb aus Gram um den Verlust der geliebten Frau. Seine Gemahlin machte aus dem Schloss ein Kloster und beschloss ihr Leben in Gebet und Andacht. Nach ihrem Tod stieg die Tauber aus unerklärlichen Gründen so hoch an, dass nur noch das Dach des Schlosses zu sehen war. Die Nonnen

übergaben es dann einem Müller, der daraus die noch heute zu sehende Mühle errichtete.

Außerhalb der Ortschaft nach links über die Bahn ~ weiter entlang der Tauber.

Niklashausen (Werbach)

Vorwahl: 09341

🛈 **Bürgermeisteramt Werbach**, Hauptstr. 59, Werbach, ☎ 92080, @ tgp572

Tauberbischofsheim

Sie werden sich fragen, warum Niklashausen als die Stadt des Pfeifers bezeichnet wird. Um dem nachzugehen, müssen wir die Zeit auf das Jahr 1476 zurückdrehen: Damals lebte in Niklashausen ein junger Mann, Hans Beheim, der Viehhirt war und die Sackpfeife zu spielen wusste, was ihm den Namen Pfeifer-Hans einbrachte. Es war eine Zeit, in der die Knechtschaft die Bauern drückte und die vielen Abgaben neben dem Zehnt für die Kirche und dem Zehnt für den Grundherren sie erzürnte. Der Pfeifer-Hans konnte die Ungerechtigkeiten der Welt nicht mehr ertragen und er begann gegen die Fürsten und Pfaffen zu schimpfen, die die Armen, die Bauern, ausbeuteten und unterjochten. Seine sozial-revolutionären und religiösen Predigten lockten die Menschen von überall her an; aus dem Allgäu und aus Schwaben kamen die Bauern, um den Worten des Viehhirten zu lauschen.

Bald galt er nicht mehr als Pfeifer-Hans, sondern als der „Heilige Jüngling", auf den auch die Herrschenden von Würzburg und Wertheim aufmerksam wurden. Mit wachsender Besorgnis beobachteten sie das aufrührerische Treiben des Hans Beheim. Und als er am 13. Juli 1476 alle Männer in Niklashausen zusammenrief und sie aufforderte, alle Waffen mitzubringen, die sie besaßen, startete der Bischof Rudolf von Würzburg eine Nacht-und-Nebelaktion. Der „Heilige Jüngling" wurde festgenommen und auf dem Scheiterhaufen verbrannt. Doch konnte damit der Bauernkrieg, der wenige Jahrzehnte später aufflammte, nicht verhindert werden, und die meisten Forderungen des Pfeifer-Hans fanden sich in den 12 Artikeln der Bauernführer (u. a. Götz von Berlichingen) wieder.

Werbach

Vorwahl: 09341

- **Bürgermeisteramt Werbach**, Hauptstr. 59, ✆ 92080, @ tgp572
- **Liebfrauenbrunnkapelle**, ca. 3 km außerhalb im Welzbachtal ⏲ Die Kapelle wurde 1903 am Fest Mariä Geburt geweiht und für die Wallfahrt freigegeben.

Die Ursprungsbesiedlung des kleinen Weinstädtchens am Übergang vom Muschelkalk- zum Buntsteinkalkgebiet geht bis in

die Hallstattzeit 500 bis 1200 v. Chr. zurück.

Hochhausen (Tauberbischofsheim)

- **St. Pankratius**, Pfarrg. 2. Der gotische Turm der Pfarrkirche stammt aus dem Jahr 1329, 1960 erfolgte der Neubau.

Sie durchfahren nun die Ortschaft **Hochhausen** ~ parallel zur **K 2815** geht es bis zum Ortsschild Tauberbischofsheim ~ weiter entlang der **Pestalozziallee** ~ den Kreisverkehr geradeaus queren und weiter der RW-Beschilderung des „Lieblichen Taubertals" - „Der Klassiker" bis zum REWE-Markt folgen ~ **9** danach rechts und gleich wieder links, **Blumenstraße** ~ weiter bis zum Rathaus am **Marktplatz**.

Tauberbischofsheim

Vorwahl: 09341

- **Tourismusverband Liebliches Taubertal e.V.**, Gartenstr. 1, ✆ 825806, @ mdt181
- **Tourist-Information**, Marktpl. 8, ✆ 80333, ✆ 80313, @ nic471
- **Tauberfränkischem Landschaftsmuseum im Kurmainzischen Schloss**, Schlosspl. 7, ✆ 897734

Schlossgraben, Tauberbischofsheim

Die Ausstellung bietet einen Überblick über verschiedene Aspekte der Regionalgeschichte. Gezeigt werden u. a. prähistorische Funde, kirchliche Kunst, barocke Möbel, Trachten und bäuerlicher Hausrat. Sehenswert sind die Kopien der Tauberbischofsheimer Tafel, die von Matthias Grünwald gemalt wurde sowie das Stadtmodell „Bischofsheim in der Mitte des 18. Jahrhunderts". @ bxe666

Stadtkirche St. Martin, St. Lioba Pl. Erbaut in den Jahren 1910-14 im neugotischen Stil und enthält mittelalterliche Kunstwerke, u. a. ein Steinrelief des Hl. Martin aus dem 9. Jh. und einen Marienaltar aus dem 16. Jh. mit Figuren aus der Riemenschneiderwerkstatt. Außerdem zahlreiche Kunstwerke von Thomas Buscher.

Ehem. Franziskanerkloster, Hauptstr. 33-35. Von 1629 bis zur Aufhebung im Jahr 1823 war es ein Kloster des Franziskanerordens. Der sehenswerte Klosterhof wurde zwischen 1982-1985 saniert, seit dem Umbau ist hier die Stadtverwaltung ansässig.

Kurmainzisches Schloss mit Türmersturm, Schlosspl. 7, ✆ 3760. Mit dem Bau des weitläufigen Gebäudekomplexes wurde im Jahr 1250 begonnen. Bis ins 16. Jh. hinein wurde es mehrmals verändert und erweitert. Der Türmersturm ist das Wahrzeichen der Stadt.

Historische Altstadt 24 Die interessantesten Häuser gruppieren sich um den Marktplatz: das neugotische Rathaus, Fachwerkgebäude wie die Alte Post und die Sternapotheke, ein Barockpalais, das „Mackert'sche Haus" u. v. m.

Frankenbad, Vitryallee, ✆ 95682, @ ohy232

Hallenbad, Am Heimbergsflur 12, ✆ 8001326, @ iro357

Ursprünglich eine Merowingersiedlung erhielt im 8. Jahrhundert Bischof Bonifatius die Pfalz nach einer Schenkung durch Karl Martell. 735 gründete der Bischof hier mit seiner Verwandten, der Heiligen Lioba, das erste deutsche Frauenkloster. Die Töchter angesehener fränkischer Familien wurden in dem Kloster unterrichtet, ohne sich zum Ordenseintritt verpflichten zu müssen. Vom Kloster ist heute kein Stein mehr zu sehen. Seinen wirtschaftlichen Aufstieg verdankt das hübsche Städtchen dem erfolgreichen Weinbau und der vorbeiführenden Handelsstraße von Frankfurt nach Nürnberg.

Ende des 13. Jahrhunderts erhielt der blühende Ort als mainzische Amtsstadt das Stadt- und Marktrecht. Gleichzeitig wurde mit dem Bau der Stadtbefestigung und des Schlosses begonnen. Der Turm des Schlosses, der Türmersturm – der einzig übriggebliebene von ursprünglich 20 Türmen der Stadtbefestigung – entging 1848 knapp seinem Abriss und stellt heute das Wahrzeichen von Tauberbischofsheim dar.

Die Blütezeit der Stadt nahm mit dem Bauernkrieg ein jähes Ende, da die Stadt aufgrund ihrer Teilnahme die Selbstverwaltung und Privilegien verlor und der Mainzer Erzbischof eine neue Stadtordnung einführte, die die Rechte der Bürger stark einschränkte.

Heute ist die Kreisstadt des Main-Tauber-Kreises berühmt für seine historische Altstadt mit Bauwerken aus verschiedenen Epochen, den schmucken Fachwerkhäusern und genießt als Mekka des Fechtsports international hohes Ansehen.

Oberes Tor, Lauda

Von Tauberbischofsheim nach Lauda-Königshofen   7 km

Vom Marktplatz aus weiter ∿ vor dem Rathaus der **St.-Lioba-Stra-ße** entlang ∿ die Fußgängerzone querend zum Schlossplatz ∿ vom **Dittigheimer Weg** aus in den **Grabenweg** ∿ über die **Vitryallee** rechts in den **Taubenhausweg** und wieder rechts in den **Dittigheimer Weg** durch die Unterführung weiter nach Dittigheim ∿ im Ort an einem Gasthaus und einer Kirche vorbei ∿ dann an der Kreuzung geradeaus weiter.

Dittigheim (Tauberbischofsheim)

🏛 **St. Vitus**, Rathauspl. 4. Die von Balthasar Neumann entworfene barocke Kirche wurde als Nachfolger einer dreischiffigen Pfeilerbasilika aus dem 12. Jh. errichtet.

Von Dittigheim weiter nach Distelhausen ∿ die Ortschaft liegt am linken Ufer der Tauber, Sie bleiben jedoch auf der rechten Seite und kommen an der St.-Wolfgangkapelle vorbei.

Distelhausen (Tauberbischofsheim)

Vorwahl: 09341

🏛 **Bauernhofmuseum**, Bundesstr. 53, ☏ 848689 ©
Präsentiert wird die Zusammenstellung der landwirtschaftlichen Vergangenheit und die damit verbundene Erzeugung von Nahrungsgütern. @ sii842

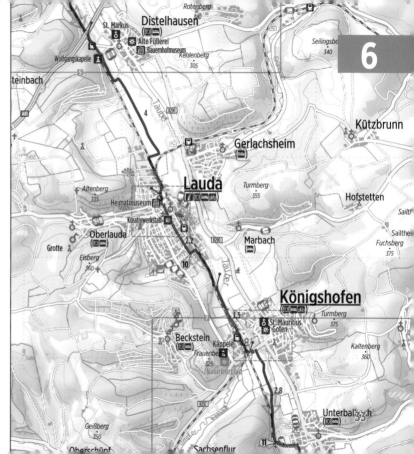

6

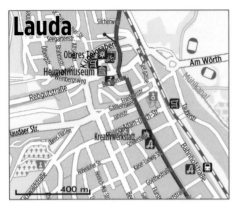

Lauda

St. Markus, Bundesstr. Die Pfarrkirche wurde nach Plänen von Balthasar Neumann 1731-1738 erbaut und ist mit Altären von Benedikt Schlecht und gotische Skulpturen der Pieta ausgestattet.

St. Wolfgangskapelle, Wolfgangstr., am Friedhof. Die Kapelle stammt aus dem 15. Jh.

Alte Füllerei, Grünsfelderstr. 3, ✆ 805821 ☺ Kunst rund ums Bier – Veranstaltungszentrum und Tagungsort, @ wba423

Auffallend sind hier die vielen Obstbäume ～ eben und schnurgerade auf Lauda-Königshofen zu ～ mit einem Rechtsknick über die Bahnbrücke ～ danach links dem Straßenverlauf folgen ～ Sie kommen nach Lauda ～ an der Kreuzung beim Gasthof Zum Goldenen Stern

geradeaus auf der **Pfarrstraße** ins Zentrum von Lauda.

Lauda (Lauda-Königshofen)
Vorwahl: 09343

Tourist-Information Lauda-Königshofen, Marktpl. 1, ✆ 501-5332, @ ijf618

Heimatmuseum, Rathausstr. 25, ✆ 4517 ☺ Das Museum bietet Sammlungen aus Wein- und Ackerbaukultur, bäuerlichem Leben und Handwerk im Taubertal. @ obu377

Historische Altstadt ㉔ Bei einem Spaziergang durch die Altstadt entdecken Sie Fachwerkgebäude und die gotische Tauberbrücke (1512) mit der Nepomukstatue und Bildstöcken, das Obere Tor und das Dampflokdenkmal.

Kreativwerkstatt, Josef-Schmitt-Str. 26a, ✆ 501160 ☻ Wochenendkurse aller Art: Schnitzkurs (Info unter ✆ 4187), Aquarellmalerei und Arbeiten mit Speckstein (✆ 2519), Drucktechnik Holzschnitt (✆ 2599) @ uvl556

Oberes Tor ㉔ Vom ehemaligen Wachtturm ist nur mehr der fast 650 Jahre alte Pulverturm übrig, welcher ein Relikt der mittelalterlichen Stadtbefestigung ist.

Frei- und Hallenbad, Badstr. 49, ✆ 1228, @ hhw375

Lauda wurde erstmals im Jahre 1135 als Ludun urkundlich erwähnt. Die Region blickt aber bereits auf keltische Besiedlungen zurück. Nachdem der Ort im Jahre 1344 durch Kaiser Ludwig den Bayern die Stadtrechte zugespro-

Königshofen

chen bekam, begann man mit dem Bau der Stadtbefestigung. Nach einer wechselvollen Geschichte kam Lauda zu Beginn des 16. Jahrhunderts zum Herzogtum Franken und blühte als Oberamtsstadt der Würzburger Bischöfe zusehends auf. Unter Napoleon ging das Städtchen dann an das Großherzogtum Baden.

Von Lauda-Königshofen
nach Bad Mergentheim   11,2 km
Geradeaus weiter in die **Marienstraße** ～ links in die **Bachgasse** ～ gleich darauf am Narrendenkmal vorbei wieder rechts in die **Josef-**

7

AndersRum (Karte 7): In **Bad Mergentheim** durch das Parkgelände ∾ über die Brücke entlang der Igersheimer Straße, rechts Kapuzinerstraße, links Burgstraße zum Marktplatz ∾ Bad Mergentheim verlassen über Gänsmarkt, links Törkelgasse, links Untere Mauergasse, rechts Mörikestraße, rechts Stifterstraße, Ragweg, Johann-Hammergasse, links Wolfgangstraße entlang der B 290 nach **Edelfingen** ∾ links in die **Alte Frankenstraße** ∾ über die **Theobaldstraße** rechts in die **Tauberstraße** ∾ in **Unterbalbach** links halten ∾ in Nähe der Gleise weiter nach **Lauda-Königshofen**.

Schmitt-Straße, auf der Sie Lauda verlassen ∾ **10** am Ende der Straße links zu den Gleisen ∾ parallel zu den Gleisen entlang ∾ unter den Gleisen hindurch und rechts ∾ in den Ortsteil Königshofen gelangen Sie auf der **Eisenbahnstraße**.

Königshofen (Lauda-Königshofen)

8 **Pfarrkirche St. Mauritius**, Kirchstr. Die erste Erwähnung der Pfarrei erfolgte im Jahr 822. Der Bau des Turmes stammt wohl aus der Zeit der Romanik aus dem Anfang des zweiten Jahrtausends. *@ fbq782*

9 **Käppele**, westl. v. Königshofen, am Naturlehrpfad **24** Auf der Rückseite befindet sich ein Rest des ältesten regionalen Bildstocks.

❄ **Goten**, Kirchstr. Der „Zehntgoten" befindet sich am ehemaligen Versammlungs- und Gerichtsplatz und ist eines der wenigen Relikte des ehemaligen Marktfleckens.

Deutschordensmuseum, Bad Mergentheim

Königshofen wurde erstmals im Jahre 741 als Kunegeshoven erwähnt. Im Jahre 1975 wurde die heutige Stadt Lauda-Königshofen aus 12 Städten und Gemeinden neu gebildet.

Gegen Ortsende stoßen Sie auf die **B 292** und wenden sich auf den Radweg nach links ∿ in die nächste Straße, beim Kinderspielplatz schon wieder rechts ∿ auf einem Radweg Richtung Unterbalbach ∿ **11** links über die Tauberbrücke nach Unterbalbach.

Unterbalbach (Lauda-Königshofen)

An der zweiten Kreuzung im Ort rechts in den **Erlenweg** ∿ nach einem Links-Rechts-Schlen-

ker um den Ort herum gelangen Sie wieder ins freie Feld ∿ weiter Richtung Edelfingen.

Edelfingen (Bad Mergentheim)

Vorwahl: 07931

🛈 **Tourist-Information**, Marktpl. 1, Bad Mergentheim, ✆ 574815, @ xbn477

Im Ort rechts in die **Tauberstraße** ∿ dann links in die **Theobaldstraße** ∿ kurz darauf wieder rechts ∿ links auf der **Alte Frankenstraße** zur Hauptstraße ∿ rechts auf den linksseitigen Radweg ∿ der Radweg entfernt sich von der **B 290** und führt ganz idyllisch am Tauberufer nach Bad Mergentheim ∿ an der **Wolfgangstraße 12** rechts über die Brücke.

Von Bad Mergentheim nach Weikersheim   14,4 km

Weiter in der **Wolfgangstraße** ∿ geradeaus über den Kreisverkehr, dann rechts in die **Johann-Hammer-Straße** ∿ am Ende des Parkplatzes links in den kleinen Weg und unter den Gleisen hindurch ∿ geradeaus weiter bis zur ersten Querstraße, hier links in die **Mörikestraße** ∿ an der großen Querstraße, der **Unteren Mauerstraße**, links ∿ bei der ersten Möglichkeit gleich wieder rechts in die **Törkelgasse** ∿ am Ende der Gasse rechts in

Straße **Gänsmarkt** ∿ über die **Kirchstraße** zum Marktplatz ∿ links in die **Burgstraße** ∿ dann rechts in die **Kapuzinerstraße** ∿ nun halten Sie sich links und fahren durch den **Schlosspark** auf dem Radweg gelangen Sie nach Igersheim.

Bad Mergentheim

Vorwahl: 07931

🛈 **Kurverwaltung Bad Mergentheim GmbH**, Lothar-Daiker Str. 4, ✆ 9650, @ hka124

🛈 **Tourist-Information**, Marktpl. 1, ✆ 574815, @ xbn477

🏛 **Deutschordensmuseum**, Schloss 16, ✆ 52212 ☻ Themen des Museums sind die Ordens-, Stadt- und Regionalgeschichte. Gezeigt werden Fürstenwohnräume des Barock, Rokoko und Klassizismus, Mörike-Kabinett und eine Sammlung historischer Puppenstuben sowie wechselnde Sonderausstellungen. @ ynk551

🛈 **Marienkirche**, Hans-Heinrich-Ehrler Pl. Die Kirche wurde im 14. Jh. vom Dominikanerorden erbaut. Sehenswert ist der Schnitzaltar mit der Sterbeszene der Gottesmutter aus der Umgebung Tilman Riemenschneiders sowie die mittelalterlichen Fresken.

🛈🏛 **Münster St. Johannes und Museum Münsterschatz**, Ledermarkt 12, ✆ 98600 ☻ Das Kirchengebäude wurde in der Zeit von 1250-1274 vom Johanniterorden errichtet. Der Glockenturm ist eines der Wahrzeichen der Stadt, welcher in mehreren Etappen erbaut wurde. 1983 wurde die Kirche zum Münster erhoben, @ csx668

Wolfgangkapelle, Wolfgangstr. Die Kapelle (1508) wurde 1660 erneuert und bietet Ansicht auf zwei Bustbilder zweier Steinmetze. @ oyo482

Deutschordensschloss und Schlosspark, Schloss 16 Der Gebäudekomplex ist durch einen Graben von der Stadt getrennt und entstand in dieser Form Mitte des 16. Jhs. Sehenswert sind auch die Schlosskirche (evang. Stadtpfarrkirche) und der Hofbrunnen. Im Westen des Schlosses befindet sich der im englischen Stil angelegte Schlosspark, der zum Verweilen einlädt. @ hdk361

Historische Häuser 24 Altstadt. Bestaunenswert sind die ehemaligen Beamtenwohnungen gegenüber dem Schloss, das Alte Rathaus, der Milchlingsbrunnen und die Zwillingshäuser am Marktplatz, Fachwerkhäuser und die Pestsäule in der Mühlwehrstraße.

Wildpark, Wildpark 1, ✆ 563050 Artenreicher Heimattierpark mit über 70 Tierarten u. a. mit Bären, Wölfen, Luchsen, Wildschweinen, Berberaffen, Mufflons und vielen anderen Tieren. @ hgj383

Kurpark, Lothar-Daiker Str. 4 24 Der Kurpark ist eine wahre Oase der Entspannung und

Markplatz mit altem Rathaus, Bad Mergentheim

Arkaden im Schlossgarten, Weikersheim

Erholung. Es gibt u. a. einen Rosengarten und einen Japanischen Garten. @ tqq365

✉ **Freibad**, Arkau 1, Erlenbachweg, ☏ 576680, @ rdk362

✉ **Solymar Therme**, Erlenbachweg 3, ☏ 481300. Hier erwartet Sie ein Mineralwasserbecken mit ortsüblichem Heilwasser, ein 25-Meter-Sportbecken, ein Kinderwasssperspielplatz, eine Röhrenrutsche, eine große Saunaabteilung und Wellnessanwendungen. @ lbb316

Im Jahre 1058 wurde der Ort als fränkischer Königshof unter dem Namen Merginthaim erstmals beurkundet. Im 12. Jahrhundert gelangte die Grafschaft in den Besitz der Herren von Hohenlohe, die im Jahre 1219 das Gebiet dem Deutschen Orden, dem sie angehörten, schenkten. Der Ort erlebte von da an einen raschen wirtschaftlichen Aufstieg und wurde im Jahre 1340 zur Stadt erhoben. Im Jahre 1527 verlegte der Orden die Residenz seines Hoch- und Deutschmeisters nach Mergentheim. Das Regiment dieses bedeutenden geistlichen Ritterordens, von der mittelalterlichen Bürgerschaft erbittert bekämpft, prägte die Stadt bis zum Beginn des 19. Jahrhunderts nachhaltig und gab ihr großes Ansehen und Reichtum. Der Hochmeister Maximilian Franz, Sohn der Kaiserin Maria Theresia, brachte 1791 mit seinem Hausorchester den jungen Ludwig van Beethoven nach Mergentheim.

Mit der Zerschlagung des Hochmeistersitzes durch König Friedrich im Jahre 1809 hatte die glanzvolle Zeit ein Ende. Napoleon löste den Orden auf und sprach Mergentheim dem König von Württemberg zu. Erst die Entdeckung der Heilquellen brachte dem Ort wieder Aufschwung und auch Weltruhm.

Dies geschah, wie die Geschichte erzählt, am Morgen des 13. Oktober 1826, als der Schäfer Franz Gehrig seine Schafe rechts der Tauber weiden ließ. Es war ein heißer Sommer gewesen, der den Wasserspiegel der Tauber abgesenkt hatte. Die Schafe entdeckten die Sickerquelle, die nun nicht mehr unbemerkt unterhalb des Flusswasserspiegels in die Tauber abfließen konnte, sondern an die Oberfläche sprudelte. Gehrig bemerkte den Salzgehalt der Quelle, die wahrscheinlich schon von den Kelten als Heilquelle genutzt wurde und verschaffte damit der Stadt eine vollkommen neue Entfaltungsmöglichkeit.

Der Entdecker der heilbringenden Quellen selbst hatte jedoch Pech. Er ließ sich als Brunnenmeister anstellen, doch nach kürzester Zeit war das junge Bad so verschuldet, dass man den Schäfer ohne Entschädigung entließ. Franz Gehrig starb 1851 vollkommen verarmt und vergessen.

Der Erschließung weiterer Quellen zu Beginn des 20. Jahrhunderts verdankt Mergentheim seinen Titel „Bad", den es seit 1926 führt, und seine heutige Bedeutung als Kurort.

Igersheim
Vorwahl: 07931

🛈 **Gemeinde Igersheim**, Möhlerpl. 9, ☏ 4970, @ olk333

🏛 **Heimatmuseum**, Pfarrgang 3, Kulturhaus, ☏ 3617 ☺ Das Museum beschäftigt sich mit der Ausstellung von Zeugnissen handwerklicher Berufe und verschafft Einblick in die Lebenswelt bereits vergangener Zeit. @ ffa748

🛡 **Burgruine Neuhaus**, Neuhaus. Umgeben vom Naturschutzgebiet Neuhaus befindet sich die Burgruine, die vermutlich im 13. Jh. errichtet wurde, erhaben auf einem Bergsporn über Igersheim. @ yqc321

13 Nach dem Bahnhof rechts über die Tauber ⌇ gleich darauf links auf einen Radweg an der Sportanlage vorbei ⌇ auf der **Scheuerntorstraße** nach Markelsheim ⌇ links in die **Tauberbergstraße**.

Markelsheim (Bad Mergentheim)
Vorwahl: 07931

ℹ **Tourismusverein Markelsheim e.V.**, Hauptstr. 35, ☏ 43179, @ myr561

Nach der Brücke gleich rechts zwischen Tauber und Bahnlinie nach **Elpersheim** ⌇ beim Bahnhof rechts in die **Deutschordensstraße** und wieder über die Tauber ⌇ in **Elpersheim** dann links ⌇ am Sportplatz vorbei und auf einer Anliegerstraße Richtung Weikersheim ⌇ **14** noch vor Weikersheim unter einer Brücke auf die andere Seite der Bahnlinie ⌇ vorbei an der Kläranlage ⌇ auf den **Taubermühlenweg** ⌇ daraufhin in die **Karl-Ludwig-Straße**.

Weikersheim
Vorwahl: 07934

ℹ **Tourist-Information**, Marktpl. 7, ☏ 10255, @ qnm533

🏛 **Stadtmuseum Gänsturm**, Hauptstr. 42 ☺ Der im 2. Weltkrieg massiv zerstörte und im Jahr 2003 durch Bürgerinitiative wieder komplett restaurierte Gänsturm beheimatet heute das Stadtmuseum. Bilder, Fotos und diverse Objekte zeigen die Stadt- und Baugeschichte der kleinen Residenzstadt. @ ria223

🏛 **Tauberländer Dorfmuseum**, Marktpl., ☏ 1209 ☺ Beinhaltet die größte Sammlung ländlichen Kulturgutes in Tauberfranken mit Möbel, Trachten und Arbeitsgeräten aus dem 18. und 19. mJh. und veranschaulicht die Geschichte des dörflichen Alltags. @ idr516

🛡 **Schloss und Schlosspark Weikersheim**, Marktpl. 11, ☏ 992950 ⓜ Das Renaissance Schloss weist eine fast vollständige Innenausstattung aus dem 17./18. Jh. auf. Der Schlosspark ist im barocken Stil von Versailles angelegt. @ phv148

✪ **Sternwarte**, Planetenweg, ☏ 1365 ☺ Jeden Samstag eines jeden Monats können Sie bei klarem Wetter die Sternwarte besuchen und den Sternenhimmel über dem Taubertal entdecken. @ fts372

Weikersheim wurde im Jahre 837 anlässlich seiner Schenkung an das Kloster Fulda als Wichartesheim erstmals erwähnt. Das fränkische Fürstengeschlecht, das 1153 als Herren von Weikersheim in Erscheinung tritt, wurde 1244

Gänsturm, Weikersheim

als Grafen von Hohenlohe bekannt. Es gelang dieser Familie, ein beinahe geschlossenes Territorium im Gebiet der Tauber aufzubauen, das erst Anfang des 19. Jahrhunderts zerfiel und zwischen Baden-Württemberg und Bayern aufgeteilt wurde.

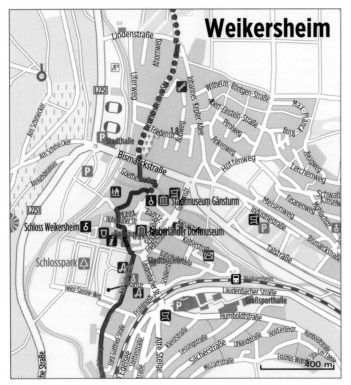

Weikersheim

Weikersheim, der Stammsitz der Grafen von Hohenlohe, erhielt zu Beginn des 14. Jahrhunderts das Stadtrecht und ist heute noch weithin bekannt durch das eindrucksvolle Residenzschloss, mit dessen Bau im 16. Jahrhundert an der Stelle eines ehemaligen mittelalterlichen Wasserschlosses begonnen wurde. Die Fertigstellung erfolgte im 18. Jahrhundert. Die Hauptattraktion des Renaissanceschlosses ist der monumentale Rittersaal, der sich mit seiner Höhe von neun Metern über zwei Stockwerke ausdehnt, und von einer riesigen Kassettendecke abgeschlossen wird. Die Jagdszenen malte Balthasar Katzenberger in den Jahren 1600 bis 1601. Besonders sehenswert ist auch der gut erhaltene, französische Barockgarten mit einer Vielzahl von Statuen.

Der kunstvolle, rechteckige Marktplatz ist Mittel- und Ausgangspunkt für alle Sehenswür-

AndersRum (Karte 8): Am Ende des Ortes **Bieberehren** links ab ∞ am Ortsbeginn von **Röttingen** auf die Hauptstraße ∞ am Ortsende diese wieder verlassen ∞ durch **Tauberrettersheim** ∞ etwa 2,5 km nach Ortsende links auf die Hauptstraße und durch **Weikersheim** ∞ der Ausschilderung durch **Weikersheim** folgen ∞ in **Elpersheim** rechts ∞ entlang der Bahngleise nach **Markelsheim** ∞ links über die Brücke ∞ in Markelsheim rechts ∞ in **Igersheim** vor dem Bahnhof über die Tauber und links ∞ weiter nach **Bad Mergentheim**.

digkeiten der Stadt. Im Jahre 1719 begann J. C. Lüttich mit der Erbauung des Platzes, dessen Mittelpunkt ein Rokokobrunnen aus dem Jahre 1768 bildet. Barocke Amtshäuser, die 1419 erbaute, spätgotische Hallenkirche, die evangelische Stadtkirche und das Schloss umgeben den Platz, der die auf das Schloss bezogene Stadtanlage vervollständigen soll.

Struth

8

Steinbühl
365

Nassauer Höhe
365

Rohmberg
345

Alter Bühl
350

Kapellenberg
340

Röttingen

16

Rötelbergstr.

Gossenmühle

3,4

Franzenmühle

Bieberehren

Kreuzberg
345

Neuses

Roter Berg
375

Klosterberg
370

Hohe Setz
355

Burg Brattenstein

Tauber

Fränkischer Rad-...

Schäftersheim

Tauberbrücke

Tauberrettersheim

6,5

3,2

Tauber

Steinbach

Re

15

St. Vitus

Bürgerwald

Klingen

Wolfsberg
340

Tauberberg
405

Weikersheim

Galge
330

Sternwarte

17

1,4

Schloss Weikersheim

1,8

Karlsberg

Klingenstein
420

Rindbach

S

3

Tauberberg

6

...ersheim

Elpersheim

14

Tauber

Vorbach

Queckbronn

Niederrimbach

2,2

Creglin

Markelsheim

Rathaus

Bergkirche

Laudenbach

Wartberg
405

Neubronn

Romschlössle

18

Fingerhutmuseum
Herrgottskirche

41

Sailberg
460

Honsbronn

...lbach

4,2

Die Ausschilderung weist nach der **Karl-Ludwig-Straße** links in die **Hauptstraße** ~ Sie fahren ein Stück auf dem **Marktplatz** und an der Stadtkirche vorbei ~ über das **Hl. Wöhr** gelangen Sie wieder zur Hauptstraße.

Von Weikersheim nach Creglingen   18,2 km

Links in die **Hauptstraße** ~ wiederum links in die **Goethestraße** ~ rechts in die **Friedhofstraße** und geradeaus in die **Schäftersheimer Straße** Richtung Schäftersheim.

Schon bald zweigt der Planetenweg nach rechts ab, den wir allen an Astronomie Interessierten empfehlen möchten.

Der Planetenweg ist eine „astronomische Kuriosität". Entlang des Planetenweges sind das Sonnensystem mit der Sonne als zentralem Gestirn und die neun Planeten im Maßstab 1:1 Milliarde dargestellt, dabei entspricht ein Meter auf diesem Weg einer Million Kilometer im Sonnensystem. Der Weg führt an der Sternwarte vorbei bis ins sechs Kilometer entfernte Neubronn.

Die Hauptroute führt geradeaus weiter ~ **15** erst kurz vor der Tauber rechts ~ eine aufgelassene Bahnlinie überqueren ~ weiter nach Tauberrettersheim und Röttingen ~ zwischen den Weinbergen, den Obstbäumen und den Feldern leuchtet Ihnen schon von weitem die weiße Kirche von Tauberrettersheim entgegen ~ durch den Weinort geradeaus ~ dabei die Steinbrücke mit ihren Brückenheiligen einfach links liegen lassen.

Tauberrettersheim
Vorwahl: 09338

ℹ **Gemeinde Tauberrettersheim**, Judenhof 1, ☎ 462, @ krs484

⛪ **Pfarrkirche St. Vitus**, nahe der Brunnenstr. Der Kirchturm stammt aus der Zeit um 1600 und gehörte wahrscheinlich zu einem der Vorgängerbauten.

✳ **Tauberbrücke** ㉔ Bereits im Jahr 1716 entstand eine Holzbrücke über der Tauber, diese wurde jedoch durch ein Hochwasser zerstört. Im Jahr 1733 erfolgte der Wiederaufbau – diesmal wurde eine massive Natursteinbrücke mit sechs Bögen nach dem Entwurf von Balthasar Neumann errichtet.

Das mehr als 900 Jahre alte Tauberrettersheim ist umgeben von Weinbergen und Wiesen. Die sechsbogige Steinbrücke mit dem Brückenheiligtum Nepomuk ist die schönste Tauberbrücke des ganzen Tales. Sie wurde 1733 vom bekannten Barockbaumeister Balthasar Neumann geschaffen, der auch die Würzburger Residenz baute.

Sie passieren eine Mühle, fahren beim Christuskreuz links und finden sich plötzlich eingezwängt zwischen dem Fels und der Tauber wieder ~ weiter geht's auf der kleinen asphaltierten Straße linksherum ~ der Weg führt nach Röttingen, die Stadt der Sonnenuhren ~ die Straße führt mit einigen Schlenkern bis zum Marktplatz, der Sie mit seinem hübschen barocken Rathaus empfängt.

Röttingen
Vorwahl: 09338

ℹ **Tourist-Information**, Marktpl. 1, ☎ 972855, @ xlu574

⛪ **Pfarrkirche St. Kilian**, Kichpl. Die erste urkundliche Erwähnung fand 1103 statt, eine grundlegende Renovierung im inneren und äußeren Bereich erfolgte ab 1979 und endete 1986, als Bischof Paul-Werner-Scheele den neuen Volksaltar weihte.

🏰 **Burg Brattenstein**, Herrnstr. 1, ☎ 972855. In der idyllischen, mittelalterlichen Burg findet alljährlich, von Mai bis August, das Freilichttheater „Frankenfestspiele Röttingen" statt. @ kii213

✳ **Kneipp-Vital-Weg** ㉔ Start und Ziel ist in der Poststraße gegenüber der Seniorenresidenz Taubertal – Kneipp-Rundweg mit Arm- und Fußbecken, Fußreflexpfad und Station am idyllischen Tauberufer. @ nye228

✳ **Paracelsus-Gärtchen**, Lagerweg ㉔ Genießen Sie im Gärtchen hinter der Burg Brattenstein die Blütenpracht und die intensiven Düfte von ca. 70 verschiedenen Gewürz- und Heilkräutern. Das Gärtchen ist Teil des Kneipp-Vital-Weges. @ fwk682

- ✹ **Rathaus**, Marktpl. 1. Den schönsten Teil des mittelalterlichen Stadtkernes bildet der Marktplatz mit seinem barocken Rathaus (1750) und seinen Fachwerkhäusern.
- ✹ **Sonnenuhrenweg**, Marktpl., ✆ 980033 ㉔ Röttingen ist bekannt als „Stadt der Sonnenuhren". Entdecken Sie diese an einem sonnigen Tag entlang des ca. 2 km langen Rundweges innerhalb und um die Stadtmauer. @ rcr211
- ✹ **Stadtmauer**. Die Stadtbefestigung stammt aus dem 13. Jh. Sieben der ursprünglich 14 Türme sind erhalten geblieben. @ xob774

Die Geschichte von Röttingen geht auf das 5. Jahrhundert zurück. 1114 wird der Ort als fuldisches Lehen im Besitz der Herren von Hohenlohe genannt und im 13. Jahrhundert erstmals als Stadt erwähnt. In dieser Zeit entstand auch die Stadtmauer mit 14 Wehrtürmen, von denen heute noch sieben erhalten sind, sowie die ältesten Teile der Burg Brattenstein. Im Jahre 1345 fiel Röttingen aufgrund von Verschuldung an Würzburg. Nach

Röttingen, Marktplatz mit Rathaus

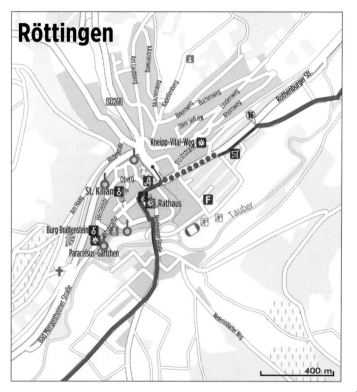

Röttingen

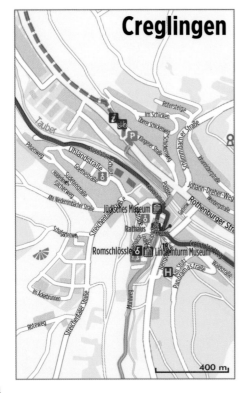

Creglingen

den Bauernkriegen erlebte Röttingen einen wirtschaftlichen Aufschwung, hauptsächlich bedingt durch den florierenden Weinbau. Heutzutage präsentiert sich das entzückende Städtchen mit einem einheitlich historischen Stadtbild, dessen Mittelpunkt das barocke Rathaus bildet.

Um Röttingen wieder verlassen zu können, müssen Sie kurzzeitig mit der Hauptstraße vorlieb nehmen ~ **16** direkt beim Ortsende der Beschilderung nach rechts wieder in die Tauberauen hinein folgen ~ auf idyllischen Wegen in der Flussaue passieren Sie einige Mühlen und gelangen so, nachdem Sie bei der **Franzenmühle** die Tauber überquert haben, nach Bieberehren.

Bieberehren

Vorwahl: 09338

i **Gemeinde Bieberehren**, Hauptstr. 16, *C* 9805312, *@* oci121

Den Ort auf der Hauptverkehrsstraße durchfahren ~ 700 m nach dem Ortszentrum von Bieberehren, noch vor der Brücke, links von der Hauptstraße auf eine kleine Straße ~ weiter auf einem Bahndamm ~ rechts einbiegen und hinab in Richtung einer kleinen Ansiedlung ~ Sie stoßen wieder auf die Hauptstraße

Keltenwall, Creglingen

und schwenken hier kurzzeitig rechts nach Klingen hinein.

▌ Sie können auch auf dem unbefestigten Bahndamm
▌ weiterfahren. Kurz nach der Tourist-Info in Creglingen
VARIANTE kommen Sie wieder zur Hauptroute.

Klingen (Bieberehren)

Direkt hinter der Brücke den Ort jedoch wieder verlassen ~ **17** scharf links einbiegen ~ auf einem kleinen schmalen Strässchen auf der rechten Talseite dahin.

Bald schon erreichen Sie Creglingen ~ von der **Uhlandstraße** links in die **Kieselallee** ~ bei der Tauberbrücke rechts in die Hauptstraße ~ bei der Apotheke (Fachwerkhaus mit Erker) links in die **Kreuzstraße** und auf den Radweg.

Creglingen

Vorwahl: 07933

- 🛈 **Tourist-Information**, Bad Mergentheimer Str. 14, 📞 631, @ ydu735
- 🛈 **Stadtverwaltung Creglingen**, Torstr. 2, 📞 7010, @ yjw656
- 🏛 **Fingerhutmuseum**, Kohlesmühle 6, ca. 1 km entfernt, 📞 370 ⊜ Das einzige europäische Museum zu diesem Thema dokumentiert mit seiner Ausstellung von Fingerhüten und Nähutensilien aus verschiedenen Epochen und Erdteilen die Geschichte des Fingerhutes und des „Fingerhüterhandwerkes". Zudem werden auch Schmuckfingerhüte produziert. @ oky685
- 🏛 **Flachsbrechhüttenmuseum**, Burgstall, 📞 09865/497, 📞 09865/547. Gezeigt werden alte Gegenstände und Arbeitsgeräte zur Verarbeitung der Flachspflanze und Herstellung von Leinen. @ gqf616
- 🏛 **Jüdisches Museum**, Badg. 3, 📞 7010 ⊝⊙ Gezeigt werden die regionalen Wurzeln und Besonderheiten jüdischen Lebens in der Dauerausstellung „Wurzeln und Wege", @ crb621
- 🏛🛈 **Lindleinturm-Museum**, Stadtgraben 12, 📞 7237, 📞 451 ⊜ Der ehem. Wehr- und Wachturm gehörte zur spätmittelalterlichen

AndersRum (Karte 9): Über **Tauberscheckenbach** an der **Holdermühle** vorbei und **Archsofen** passieren ⤳ in **Creglingen** rechts in die **Neue Straße** ⤳ links abbiegen, um zur Hauptstraße zu gelangen ⤳ in diese rechts einbiegen ⤳ links in die **Kieselallee** ⤳ rechts in die **Uhlandstraße** und nach **Klingen**. An der Hauptstraße in **Klingen** im spitzen Winkel rechts ⤳ links von dieser ab und auf einen unbefestigten Radweg, der später zu einem befestigten Weg wird ⤳ an der Vorfahrtsstraße links nach **Bieberehren**.

Befestigungsanlage der Stadt und bietet Einblick in die Lebensweise der letzten Bewohner des Turmes. @ pta726

- 🛉 **Herrgottskirche**, im Herrgottstal, ca. 1 km entfernt, 📞 338. Inmitten der Kirche, die im Stile fränkischer Gotik Ende des 14. Jhs. erbaut wurde, steht der weltbekannte Marien-Altar von Tilman Riemenschneider (entstanden 1505-10). @ gds848
- 🛉 ⌂ **Romschlössle und Rosengarten**, Romg. ㉔ Das Schlössle ist ein Gebäudekomplex der das

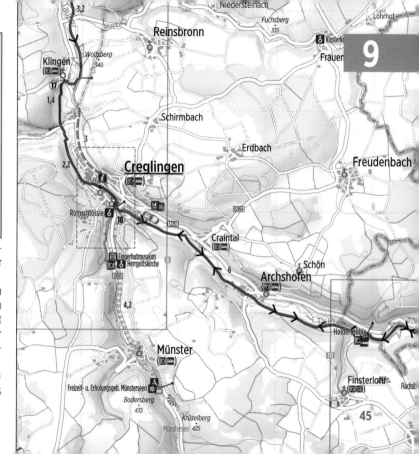

9

Romschlösslegarten, Creglingen

Stadtbild bedeutend prägte. Die terrassenförmige Gartenanlage gehört ebenfalls zur Anlage. @ vku337

- ❉ **Keltenpfad Finsterlohr-Burgstall**, Burgstall, ✆ 20190, ✆ 1271 ㉔ Keltische Befestigungsanlage, auf einem 2,5 km langen Rundwanderweg mit sieben Info-Stationen zu begehen. @ nsf545
- ▢ **Freibad Freudenbach**, Freudenbach 117, ✆ 7177, @ eph446
- ▢ **Badesee**, Münster 67, ✆ 20289, @ gmt456

Creglingen wurde um das Jahr 500 von den Alemannen gegründet. Der Name des Ortes leitet sich vom Namen des Fürsten Crago ab, was soviel wie „Krähe" bedeutet. Während des Mittelalters gehörte auch Creglingen zum Herrschaftsgebiet der Fürsten von Hohenlohe-Brauneck. Bauern und Weinbauern hatten sich hier angesiedelt und im Jahre 1349 verlieh Kaiser Karl IV. dem blühenden Ort das Stadtrecht, was den Creglingern endlich, ähnlich wie dem nahen Rothenburg, die Errichtung von Befestigungen erlaubte.

Von der Stadtmauer sind jedoch nur Reste erhalten geblieben und die Zahl der Stadttürme ist von zehn auf drei geschrumpft. Die stark befestigte Stadt ging dann durch Heirat und Verkauf Ende des 14. Jahrhunderts an die Markgrafen Brandenburg-Ansbach. Zu dieser Zeit entstand auch die weithin bekannte Herrgottskirche, die insbesonders durch den Marienaltar von Tilman Riemenschneider berühmt geworden ist. Die Kirche steht nicht direkt in Creglingen, sondern in einem Seitental der Tauber, dem Herrgottstal, einen Kilometer südlich des Ortes.

An diesem Fleck, so erzählt es die Legende, fand ein pflügender Bauer, am Abend des Laurentiustages 1384, auf seinem Acker eine unversehrte Hostie. Die Wallfahrten zu dieser Hostie, der Wundertätigkeit zugeschrieben wurde, setzten bald schon ein, woraufhin die Landherren des Herrgottstals, Konrad und Gottfried von Hohenlohe, eine gotische Kapelle errichten ließen, die den Namen Herrgottskirche erhielt.

In den Jahren 1505-10 schuf Tilman Riemenschneider – mit der Gestaltung des Altarraumes beauftragt – ein elf Meter hohes Meisterwerk, dessen rahmende Teile aus dem rötlichen Föhrenholz geschnitzt waren. Die Figuren sind jedoch aus hellem Lindenholz, die sich kontrastreich vom Hintergrund abheben.

Der Creglinger Altar oder Marienaltar blieb von der Reformation verschont. Man begnügte sich in diesen Zeiten der Schlichtheit damit, im Jahre 1530 die Altartüren des prächtigen Werkes zu schließen, da die Himmelfahrt Marias für die Anhänger des Evangeliums anstößig war. Der Neugierde eines Stadtrates ist es zu verdanken, dass der Altar im Jahre 1832 wiederentdeckt und so der Öffentlichkeit zugänglich gemacht wurde.

Gegenüber der Herrgottskirche entstand 1982 eine ganz andere Sehenswürdigkeit, das Fingerhutmuseum. Schauplatz ist die Kohlesmühle, eine Kornmühle am Herrgottsbach. Hier werden Fingerhüte aus aller Welt gezeigt und die Geschichte des Fingerhutes sowie des Fingerhüterhandwerks dokumentiert. Fast unglaublich, wie lang diese Geschichte schon ist. Sie begann schon vor zirka 25.000 Jahren in Form von Steinplatten. Im Jahr 1150 wird der „Vingerhuht" erstmals in Deutschland erwähnt und als Werkzeug in den Klöstern genutzt.

Der Beruf des Fingerhüters wird in Deutschland 1373 zum ersten Mal genannt. Nürnberg entwickelte sich sozusagen zur Fingerhutmetropole. Zu Beginn war dieses Handwerk eine freie Kunst in Nürnberg, aber das änderte sich mit der Entdeckung des Zinks durch Paracelsus. Dadurch konnte Messing erzeugt werden, das sich als äußerst günstiges Material zur Fertigung von Fingerhüten erwies. Es entstand ein eigenes Fingerhüterhandwerk, das ab 1537 in Nürnberg festgehalten werden sollte. Eine Ordnung wurde aufgestellt, die besagte, dass alle Gesellen in Berufen, die mit Messing arbeiteten, nicht wandern dürften. Ende des 18. Jahrhunderts war dann der Beruf des Fingerhüters in Nürnberg beinahe ausgestorben und verlagerte sich in andere Gebiete – zum Beispiel nach Österreich.

AUSFLUG Sie können von Creglingen einen Ausflug zur Herrgottskirche, zum Fingerhutmuseum und zum Freizeit- und Erholungsgebiet „Münstersee" in Münster machen.

Ins Herrgottstal   3 km

Sie folgen von Creglingen den Schildern nach Münster und erreichen nach etwa einem Kilometer zwei ganz unterschiedliche Sehenswürdigkeiten der geistlichen wie auch der profanen Welt, die **Herrgottskirche** und das **Fingerhutmuseum**.

VARIANTE Als Alternative zu der doch stark befahrenen Straße nach Münster können Sie ca. 200 m nach der Herrgottskirche auf den Weitwanderweg Romantische Straße wechseln. Allerdings heißt es da einige Stufen zu überwinden.

Vor Münster geht's noch mal ein Stück bergab ◠ durch den Ort hindurch folgen Sie einfach dem Straßenverlauf und kommen an der Kirche vorbei ◠ ein Hinweisschild verheißt Ihnen erfrischende Badefreuden im ab der Herrgottskirche 2 km entfernten Freizeit- und Erholungsgebiet **Münstersee**. Wer an diesem schönen Flecken länger verweilen möchte, kann sein Zelt beim Badesee am Campingplatz

aufstellen oder sich eine Unterkunft in dem hübschen Ort suchen.

Von Creglingen nach Rothenburg   19,5 km

18 Für die Weiterfahrt nach Rothenburg die Hauptstraße queren, und weiter auf dem **Craintaler Weg** ◠ hier verändert sich das Bild ein wenig, das Tal wird wieder enger, die Hänge steiler und der Weg balanciert etwas oberhalb der Tauber am Hang entlang ◠ es erwartet Sie daher nun die ein oder andere Steigung.

An **Craintal** vorbei geht es weiter nach Archshofen.

Archshofen (Creglingen)
Vorwahl: 07933

✪ Holdermühle, Archshofen 108, Am Radweg, ✆ 912317, @ taq173
Die Holdermühle ist ein Gasthaus, durch dessen Schankstube die Landesgrenze zwischen Bayern und Baden Württemberg verläuft.

In ständigem Wechsel zwischen Höhenflug und Talfahrten passieren Sie die Holdermühle. Weiter geht's nach Tauberscheckenbach.

Tauberscheckenbach (Adelshofen (Mittelfranken))
Vorwahl: 09865

✪ Keltenwall, zwischen Finsterlohr und Burgstall, ✆ 7825 ◔ Hier befindet sich eine der bedeutendsten keltischen Befestigungs-

Rothenburg

anlagen in Mitteleuropa, die sich über eine Länge von ca. 5 km erstreckt.

Am Radweg weiter zum nächsten Ort 〜 **19** kurz vor **Bettwar** die Tauber überqueren 〜 am Ortsende aufs andere Tauberufer wechseln 〜 vor Detwang noch einmal auf das andere Ufer und nach Detwang hinein.

Detwang (Rothenburg ob der Tauber)

Vorwahl: 09861

ℹ **Tourismus Service**, Marktpl. 2, Rothenburg ob der Tauber, ✆ 404800, @ heh614

🏛 **Pfarrkirche St. Peter und Paul.** Die romanische Kirche wurde im 10. Jh. erbaut und beherbergt den Heilig-Kreuz-Altar von Riemenschneider.

Detwang ist das ältere Siedlungsgebiet von Rothenburg. Hier steht eine der ältesten Kirchen Frankens. Die Pfarrkirche St. Peter und Paul wurde schon 968 geweiht und ist die Mutterkirche Rothenburgs. Auch hier hat sich Tilman Riemenschneider durch ein Kunstwerk aus Holz verewigt (1508). Ursprünglich für die Michaelskapelle in Rothenburg geschaffen, wurde der Heilig-Kreuz-Altar 1653 nach Detwang übertragen – allerdings war er für den Chor des kleinen Kirchleins zu breit und musste daher verkleinert werden.

Bei der Kirche links 〜 **20** an einem Gasthof vorbei und rechts über die Tauber.

VARIANTE Wer sich für die Stadtdurchfahrt entscheidet, muss hier links hinauffahren und dem kleinen Fahrweg parallel zur Hauptstraße, teilweise verkehrs- und steigungsreich, folgen. Am südlichen Ende von Rothenburg fahren Sie durch das Spitaltor und treffen wieder auf die Hauptroute.

Für die Hauptroute folgen Sie dem Taubertalweg durch das idyllische Tal der Tauber 〜 entlang des Flusses weiter zum Topplerschlösschen 〜 die Tauber auf der Doppelbrücke queren und gleich danach links Richtung Spitaltor 〜 vor Ihnen liegt nun die wunderschöne Altstadt von Rothenburg.

Rothenburg ob der Tauber

Vorwahl: 09861

ℹ **Tourismus Service**, Marktpl. 2, ✆ 404800, @ heh614

- 🏛 **Alt-Rothenburger Handwerkerhaus**, Alter Stadtgraben 26, ✆ 5810 🕮 Informatives über das Wohn- und Arbeitsmilieu einfacher Handwerker. @ ejt388

- 🏛 **Deutsches Weihnachtsmuseum**, Herrng. 1, ✆ 409365 🕮 Weihnachtsschmuck aus verschiedenen Epochen, historische Nussknacker und Weihnachtsmänner der Jahrhundertwende. @ ptj337

- 🏛 **Mittelalterliches Kriminalmuseum**, Burgg. 3-5, ✆ 5359 🕮 Erfahren Sie mehr über das Rechtswesen seit dem Mittelalter, Rechtsbücher, Urkunden, Hinrichtungs- und Folterwerkzeuge. @ suq713

- 🏛 **Reichsstadtmuseum**, Klosterhof 5, ✆ 939043 🕮 Informatives über Geschichte, Kunst und Kultur Rothenburgs. @ bjl834

- 🛐 **Franziskanerkirche**, Herreng., ✆ 700620. Die 1285 im frühgotischen Stil erbaute Franziskanerkirche beherbergt den Franziskusaltar von Tilman Riemenschneider. @ uty134

- 🛐 **St. Jakob**, Klosterg. 15, ✆ 700620. Bis heute überragt die bedeutendste Kirche, die mit dem berühmten Heilig-Blut-Altar von Tilman Riemenschneider aus dem 16. Jh. ausgestattet ist, die Stadt. @ bos438

AndersRum (Karte 10): In **Rothenburg** durch das **Spitaltor** in die Altstadt und diese durch das Klingentor wieder verlassen ～ es geht steil bergab ～ rechts über eine Brücke ～ beim **Felsenkeller** rechts ～ auf dem Radweg neben der Hauptstraße nach **Detwang** ～ im Ort bei der Kirche rechts ～ weiter durch **Bettwar** und nach **Tauberscheckenbach**.

- 🛐 **St. Wolfgangs Kirche und Schäfertanzmuseum**, Klingentorbastei. Die in die Stadtbefestigung eingegliederte Wehrkirche stammt aus dem 15. Jh. und bietet drei sehenswerte Altäre aus der Zeit um 1500. Das Schäfertanzmuseum befindet sich im Torhaus – hier entdecken Sie Ausstellungsstücke rund um die Schäferei. @ esj757

- 🛐 **Rathausturm**, Marktpl. 2, ✆ 404800. Den höchsten Aussichtsturm der Stadt erreichen Sie über 220 Stufen. @ nvg348

- ✳ **Klingentor**, Klingentorbastei, @ wsk318

- ✳ **Kneippanlage**, ✆ 2336 🕮 Ein Wassertretbecken und ein Armbad ermöglichen eine wohltuende Rast.

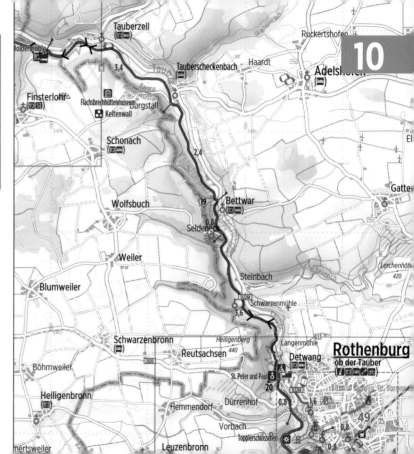

10

Tauberzell
Ruckertshofen
Haardt
Adelshofen
Holdermühle
Tauberscheckenbach
Finsterlohr
Flachsbrechhüttenmuseum
Burgstall
Keltenwall
Schonach
Gatte
Wolfsbuch
Bettwar
Seldeneck
Weiler
Steinbach
Lerchenhöh
420
Blumweiler
Schwarzenmühle
St2268
Schwarzenbronn
Heiligenberg
440
Langenmühle
Reutsachsen
Detwang
Böhmweiler
St. Peter und Paul
20
Rothenburg
ob der Tauber
Heiligenbronn
Hemmendorf
Dürrenhof
Vorbach
Leuzenbronn
Topplerschlösschen
mertsweiler

49

Rothenburg

* **Rathaus.** Das Rathaus zählt zu den schönsten Renaissancebauten Süddeutschlands und wurde 1572-78 in heutiger Form errichtet. @ lyq586

* **Rödertor- und Turm,** Röderg., ✆ 9382800. Das Zoll- und Torwächterhäuschen aus dem 14. Jh. sticht sofort ins Auge. Der Hauptturm stammt aus dem 13. Jh. @ kuo164

* **Stadtmauer-Wehrgang,** Marktpl. Die 1350-80 erbaute Stadtmauer rund um Rothenburg ist begehbar, wobei Sie 12 Türme und einige Toranlagen passieren. @ kdg257

* **Topplerschlösschen,** Taubertalweg 100, ✆ 7358. Das Wasserschlösschen wurde teils als Wehrturm, teils als Wohnhaus des Rothenburger Bürgermeisters Heinrich Toppler, erbaut. @ rrg574

* **Hallenbad und Waldschwimmbad,** Nördlinger Str. 20, ✆ 4565, @ jen316

Auf einem Hochplateau erhebt sich die mittelfränkische Stadt Rothenburg ob der Tauber, umschlungen von wehrhaften Mauern, dort wo Romantische Straße und Burgenstraße sich kreuzen. Als Sinnbild des Mittelalters in Deutschland hat Rothenburg sein einzigartiges historisches Stadtbild bewahrt und wurde nach den Zerstörungen des Krieges gekonnt wieder aufgebaut.

Die Stadtmauer mit ihren Wehrgängen und mächtigen Basteien zeugt von einer langen und bewegten Vergangenheit. Im 10. Jahrhundert entstand die fränkische Grafenburg oberhalb des Taubertals. Die danach von den Staufern im Jahre 1142 errichtete Kaiserburg wurde in der Folge zur Keimzelle der Stadt. Der Aufschwung begann mit der Erhebung zur Freien Reichsstadt im Jahre 1274 durch König Rudolf I. In den nächsten 100 Jahren entstand ein Handelszentrum ersten Ranges, das um 1400 unter dem Bürgermeister Toppler seinen Höhepunkt erreichte. Sein gewaltsamer Tod ließ den Ruhm der Stadt in der Folgezeit verblassen.

1525 verbündete sich die Stadt mit dem Bauernführer Florian Geyer, womit Rothenburg jedoch eine furchtbare Niederlage gegen das fürstliche Heer der Ansbacher Markgrafen erlebte. Etwas später schloss sich die Stadt 1544 der Reformation an. Während des Dreißigjährigen Krieges gelang es nach mehreren Versuchen der katholischen Liga, unter Feldherr Graf von

Tilly, 1631 die Stadt zu erobern. Der Legende nach wollte Tilly die Anführer des Widerstandes hinrichten lassen. Beim Willkommenstrunk hatte er den Einfall, Gnade walten zu lassen, wenn es jemandem gelänge 13 Schoppen Wein (3,25 Liter) in einem Zug zu leeren. Altbürgermeister Nusch wagte erfolgreich diesen Meistertrunk. Nach den Wehen des Krieges verlor Rothenburg seine Macht. Mit der unter großen Besitzverlusten erfolgten Einverleibung ins Königreich Bayern gab es 1802 auch noch seine Reichsfreiheit ab. Erst im Zeitalter der Romantik erweckten Maler und Poeten das vergessene Städtchen aus seinem Dornröschenschlaf. Künstler wie Ludwig Richter und Carl Spitzweg verewigten seine romantischen Winkel in ihren Bildern. Der mittelalterliche Charakter ist heute, dank des Eingreifens des stellvertretenden Staatssekretärs Mc Cloy, der eine Vernichtung am Ende des Zweiten Weltkrieges verhinderte, das kostbarste Kapital Rothenburgs.

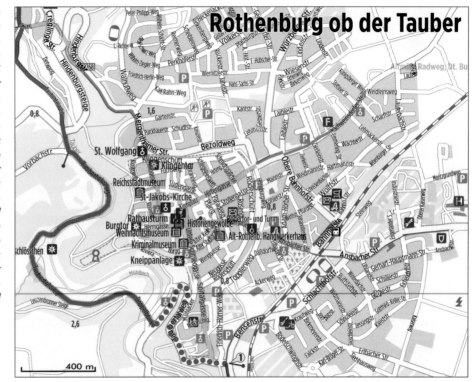

Rothenburg ob der Tauber

In Rothenburg beginnt der zweite Abschnitt Ihrer Radreise. Auf diesem Teilstück stellen sich die unterschiedlichsten Landschaften vor: das hügelige Keuperbergland der Frankenhöhe, das Tal der Wörnitz mit seinen saftig-grünen Wiesen, der kreisrunde Krater des Nördlinger Rieses und zu guter Letzt das Donautal bei Donauwörth. Burgen, Klöster und historische Städtchen begleiten dabei Ihren Weg.

Auch die Beschaffenheit der Route ist ab Rothenburg sehr unterschiedlich. Ging es bisher im Taubertal dahin, so heißt es nun, in beständigem Auf und Ab die Hügel der Frankenhöhe zu überwinden, für die Anstrengung wird man mit herrlichen Ausblicken und rasanten Talfahrten belohnt. Dem Lauf der Wörnitz folgen Sie auf fast verkehrsfreien Landstraßen bis ins Donautal. Der Weg dorthin geht durch das Nördlinger Ries, eine flache Kraterlandschaft.

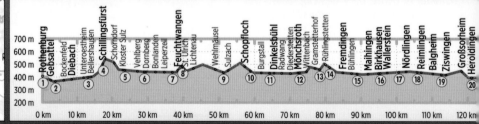

Von Rothenburg nach Schillingsfürst   17,5 km

1 Sie radeln durch das Spitaltor wieder aus der Stadt hinaus und einfach geradeaus auf den Radweg parallel zur Bundesstraße ～ nach 700 m wechselt der Weg mittels einer Brücke auf die andere Seite der Bundesstraße ～ dort, wo sich die Brücke wieder hinabsenkt, geradeaus in die **St. Leonhard-Straße** hinein ～ die Kirche umrunden ～ rechts halten ～ anschließend links auf den Radweg entlang der Straße nach Gebsattel.

Gebsattel
Die Frankenhöhe ist der südlichste Teil des fränkischen Keuperberglandes, das sich nach Norden bis zum Steigerwald und den

Harburg Brünsee	Ebermergen Wörnitzstein Felsheim	Donauwörth
(21)		(22)
130 km		140 km

AndersRum (Karte 11): In **Diebach** die Hauptstraße queren ～ nach dem Badesee rechts und wieder links ～ am Ortsbeginn von **Gebsattel** rechts ～ links in die **Rothenburger Straße** ～ rechts in einen schmalen Pfad, der später zum **Bahnhofweg** wird ～ an der Vorfahrtsstraße links ～ auf dem Radweg nach **Rothenburg**.

Haßbergen hinzieht. Auf Ihrem Weg von Würzburg haben Sie die Stufen des Buntsandsteines und des Muschelkalks durchquert. Und gleich hinter Rothenburg beginnt nun die Schicht des Keupers, die sich aus einer Wechselfolge von Tonen, Sandsteinen und Mergeln zusammensetzt, ein recht buntes Gemisch von Steinen. Der Name Keuper wird heute auf drei verschiedene Arten erklärt: einmal kann er, aufgrund der Buntheit der Gesteine, nach dem bedruckten Kleiderstoff „Köper" benannt sein. Wegen der Töpfertone kann der Begriff nach dem alten Wort für Ton

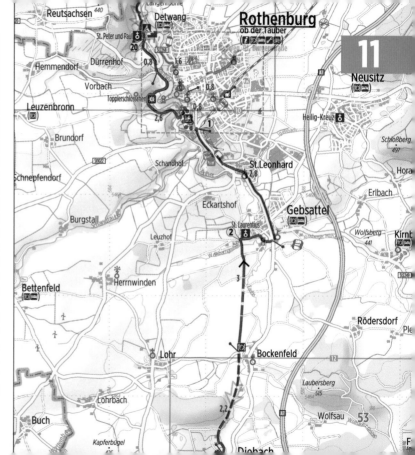

11

Neusitz

53

Schillingsfürst

„Küpper" benannt sein oder aber nach dem landläufigen Ausdruck für Abraum „Kipper". In diesem Keuperbergland entspringt jener Fluss, dem Sie bis hierher gefolgt sind – die Tauber. Weiter in Richtung Diebach ⤳ in Höhe der Ortschaft **Bockenfeld**, die sich linker Hand befindet, geht die Strecke in einen unbefestigten Radweg über ⤳ das letzte Stück vor Diebach ist wieder befestigt.

Diebach

Kurz vor Diebach rechts abbiegen ⤳ Nach 100 m. links ⤳ vorbei am Badesee ⤳ die Hauptstra-

ße queren ⤳ links am Industriegebiet vorbei weiter geradeaus ⤳ der Beschilderung links nach Unteroestheim folgen.

Unteroestheim (Diebach)

In der Rechtskurve links abfahren Richtung Bellershausen ⤳ **3** die Autobahn unterqueren.

Bellershausen (Diebach)

Bei der T-Kreuzung rechts in die **Schillingsfürster Straße** ⤳ die Ortschaft verlassen ⤳ Sie kommen nach Schillingsfürst auf der **Rothenburger Straße** ⤳ links abbiegen zum Marktplatz bis zum Kriegerdenkmal ⤳ **4** links in die Fußgängerzone **Steinerne Steige**.

TIPP Falls Sie zum Schloss wollen und den wundervollen Panoramablick über den Naturpark Frankenhöhe genießen möchten, **Am Wall** nach rechts abbiegen.

Schillingsfürst

Vorwahl: 09868

🛈 **Info-Center**, Rothenburger Str. 2, ✆ 222, @ vko422

🛈 **Stadt Schillingsfürst**, Anton-Roth-Weg 9, ✆ 9339700, @ wuk287

🏛 **Brunnenhausmuseum**, Brunnenhausweg 25, ✆ 222 (Info-Center) ☾ Ochsentretscheiben-Pumpwerk mit Heimatmuseum. @ osi724

🏛 **Ludwig-Doerfler-Museum**, Neue G. 1, ✆ 5847 ☞ Thema: Bildersammlung des einheimischen Malers mit gelegentlichen Wanderausstellungen verschiedener Künstler. @ jbd276

🏛 **Schlossmuseum, Falknereimuseum, Lisztmuseum, Museum der Französischen Fremdenlegion**, im Schloss Schillingsfürst, Am Wall 14, ✆ 201 ☞ Prachtvolle Barockanlage aus dem 18. Jh. mit sehenswerten Innenräumen. Thema Falknereimuseum: Falknergeschichte und alle europäischen Greifvogelarten: Adler, Falken, Milane und Geier. @ deq888

🏰 **Schloss Schillingsfürst**, Am Wall 14 ☞ Das Barockschloss der Fürsten zu Hohenlohe-Schillingsfürst, das sich weit sichtbar auf einem Bergsporn der Frankenhöhe erhebt, ist das Wahrzeichen der Stadt.

AndersRum (Karte 12): Durch die Bahnunterführung nach **Kloster Sulz** im Ort rechts nach **Ziegelhaus** nach dem Waldstück links nach **Ziegelhütte** geradeaus nach Schillingsfürst Richtung Schloss beim Schlosscafé links in die **Steinerne Steige** unten rechts stadtauswärts auf der **Rothenburger Straße** in **Bellershausen** links die **A 7** unterqueren und nach **Unteroestheim** bei der Scheune außerhalb des Ortes rechts Richtung **Diebach**.

⬓ **Wasserturm**, Neue G. 31 ⓒ Der markante Wasserturm wurde 1902 im wilhelminischen Leuchtturmstil errichtet. Bis in die 1970er Jahre war er in Betrieb.

✳ **Fürstlicher Falkenhof**, Am Wall 14, Schloss Schillingsfürst, ✆ 201, ✆ 812 ⓢ, @ wbr622

Der Felssporn, von dem aus das Schloss Schillingsfürst ein Seitental der Tauber beherrscht, wurde frühzeitig besiedelt und hat schon drei anderen Burgen Schutz und Macht gewährt. Schillingsfürst wurde im Jahre 1000 erstmals in einer Schenkungsurkunde Otto III. erwähnt, die damals an das Hochstift Würzburg ging. 300 Jahre später gelangte sie in den Besitz derer von Hohenlohe, 1316 wurde sie von Ludwig dem Bayer zerstört.

In den nächsten zwei Jahrhunderten war das Schicksal der Burg nicht sonderlich hold, gleich

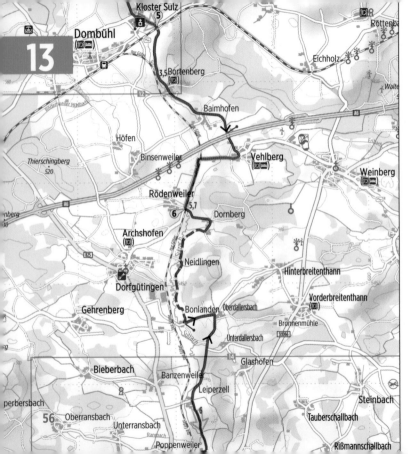

13

AndersRum (Karte 13): In **Oberdallersbach** links ⁓ vor dem Ort **Bonlanden** rechts ⁓ weiter nach **Neidlingen** und **Dornberg** ⁓ geradeaus weiter zur Bahntrasse und dieser nach rechts hin folgen ⁓ rechts in den Ort **Vehlberg** ⁓ links abbeigen und die Autobahn unterqueren ⁓ vorbei an **Baimhofen** ⁓ **Bortenberg** durchfahren.

zweimal ist sie zerstört worden, im Bauernkrieg und im Dreißigjährigen Krieg. Der vierte Wiederaufbau erfolgte in den Jahren 1723-1750 und das neue Schloss Schillingsfürst entstand in seiner heutigen Ausprägung. Der Architekt Louis Remy de la Fosse errichtete ein Bauwerk, das von der Ferne einer Festung gleicht, dessen Vorderfront jedoch mit barockem Anmut erfreut und zu den prachtvollsten Barockanlagen Süddeutschlands zählt.

Die Linie Hohenlohe-Schillingsfürst residierte und regierte seitdem von diesem Schloss aus.

Bekanntester Vertreter dieses Geschlechts war Fürst Chlodwig, der Ende des 19. Jahrhunderts, 1894, von Kaiser Wilhelm II. zum Reichskanzler und zum preußischen Ministerpräsidenten ernannt wurde. Aber auch schon vorher war er weitgehend an der Gestaltung der deutschen Politik beteiligt, zuerst als bayerischer Ministerpräsident und Verfechter der preußisch-kleindeutschen Lösung, als Gesandter in Paris und als Statthalter in Elsaß-Lothringen. Das schlichte Arbeitszimmer dieses geschichtsträchtigen Mannes können Sie heute noch besuchen.

Von Schillingsfürst nach Feuchtwangen 20,9 km

Beim Schlosscafé rechts **Am Wall** ⁓ weiter in die **Neue Gasse** ⁓ auf der **Ansbacher Straße** stadtauswärts ⁓ die Landesstraße überqueren ⁓ nach **Ziegelhütte** rechts durch den Wald ⁓ am Ende der

AndersRum (Karte 14): Auf der **Bahnhofs-** und **Friedrichstraße** durch **Schopfloch** ~ nach der B 25 schräg links in den **Frickinger Wald** ~ in **Sulzach** links in den **Raitersbergweg** Richtung Krapfenau ~ rechts auf die Vorfahrtsstraße und links nach **Wehlmäusel** ~ über **Lotterhof** bis **Thürnhofen** ~ in einer Linkskurve durch den Ort ~ über **Lichtenau** nach **Feuchtwangen** ~ nach dem **Fischerweg** rechts in den **Oberen Kellerweg** ~ über den **Glaserweg** und die **Spitalstraße** zum **Marktplatz** ~ links in die **Untere Torstraße** ~ die Ringstraße überqueren und rechts ~ durch die Parkanlage ~ ein kurzes Stück auf dem Radweg entlang der Bundesstraße ~ dann links nach **Leiperzell** ~ am Ortsende rechts und weiter nach **Oberdallersbach**.

Straße rechts weiter auf Ziegelhaus und Kloster Sulz.

Kloster Sulz (Dombühl)

🏛 **Kloster Sulz.** Im Mittelalter Frauenkloster des Prämonstratenserordens. @ opd343

Im Ort links auf die Hauptstraße abbiegen ~ **5** rechts abbiegen und durch die Bahnunterführung nach **Bortenberg** ~ links an **Baimhofen** vorbei ~ die Autobahn unterqueren.

Vehlberg (Aurach)

In Vehlberg an der T-Kreuzung rechts abbiegen ~ nach der Eisenbahnkreuzung weiter an

Feuchtwangen

der Bahntrasse entlang ∿ **6** an der Kreuzung links abbiegen und weiter nach **Dornberg** ∿ im Ort rechts und erneut nach rechts fahren ∿ der unbefestigten Strecke nach **Neidlingen** und **Bonlanden** folgen ∿ links nach **Oberdallersbach**, danach rechts halten Richtung Leiperzell ∿ in **Leiperzell** nach dem Ortsbeginn links ∿ dann gleich wieder rechts ∿ weiter nach **Poppenweiler** und auf die Bundesstraße zu ∿ auf einem Radweg rechts der Bundesstraße ∿ **7** unter der **B 25** hindurch ∿ es geht bergab ∿ auf einem Radweg entlang der Sulzach nach Feuchtwangen ∿ nach einem Linksbogen an der Weggabelung links halten ∿ in Kurven durch die Parkanlage ∿ rechts über eine Brücke ∿ vor der zweiten Brücke wieder links ∿ Sie kommen zur Hauptstraße, links bringt Sie die **Untere Torstraße** zum Marktplatz.

AndersRum (Karte 15): Dinkelsbühl auf der **Nördlinger Straße** und der **Dr.-Martin-Luther-Straße** durchfahren ⚎ auf dem Radweg unter einer Straße hindurch ⚎ an der Gabelung rechts halten ⚎ bei der Pulvermühle rechts halten ⚎ an der Kreuzung rechts Richtung Schopfloch.

VARIANTE Wenn Sie hier rechts abbiegen, an der B 25 wieder rechts und dann links, können Sie der Bahnlinie bis nach Kaltenbronn folgen. Dann rechts Richtung Larrieden abbiegen. Diese Alternativstrecke ist rund 10 km kürzer als die Hauptroute.

Feuchtwangen
Vorwahl: 09852

- 🛈 **Tourist-Information,** Marktpl. 1, ✆ 90455, @ bqr323
- 🏛 **Fränkisches Museum,** Museumstr. 19, ✆ 2575 🕮 Thema: Regionalmuseum, Kunst und Kultur Frankens, @ xhw676
- 🏛 **Handwerkerstuben,** Marktpl. 3, ✆ 90455 ↻ ⏱ Original erhaltene Arbeitsräume eines Zuckerbäckers, Färbers, Töpfers, Zinngießers, Schuhmachers und Webers. @ jjp856
- 🏛 **Sängermuseum,** Am Spittel 4-6, ✆ 4833 🕮 Thema: Chormuseum, Geschichte des Chorwesens, überregionale Verflechtungen der Musikkultur. @ ucg432
- 🎗 **Stiftskirche.** Ehemalige Klosterkirche mit romanischen Bauresten und gotischen Stilelementen.
- ✺ **Kreuzgang-Festspiele.** Jeden Sommer, Freilicht-Theater-Spiele im romanischen Kreuzgang der Stiftskirche. @ lwl631

Dinkelsbühl, Weinmarkt

✉ **Solar-Freibad Schleifweiher**, Am Schleifweiher 20, ☎ 9700

Das historische Städtchen Feuchtwangen wurde laut einer Sage im 8. Jahrhundert von Karl dem Großen in Form eines Benediktinerklosters gegründet. Das Kloster wird jedoch erst im Jahre 819 urkundlich erwähnt. Der Ort entwickelte sich um das Jahr 1000 an den sich kreuzenden Handelsstraßen Würzburg-Augsburg und Schwäbisch Hall-Nürnberg. 1241 wurde der blühende Handelsort zur freien Reichsstadt erhoben, ein Recht, das sich die Stadt nur gut 100 Jahre lang erhalten konnte, bevor sie

die Reichsfreiheit, durch Verpfändung an die Nürnberger Reichsgrafen, verlor.

Bis 1806 war Feuchtwangen dann Teil der Markgrafschaft Ansbach und wurde danach dem Königreich Bayern zugesprochen. Auch heute noch bildet den Mittelpunkt des Städtchens das geschlossene Bild des mittelalterlichen Marktplatzes, der wegen seines Charakters von dem Kunsthistoriker Dehio sogar als „Festsaal Frankens" bezeichnet wird. Reiche Bürgerhäuser und altfränkische Fachwerkhäuser umschließen den Platz, dessen Mitte von einem barocken Kunstwerk aus dem 18. Jahrhundert, dem Röhrenbrunnen, geschmückt ist.

Von Feuchtwangen nach Dinkelsbühl   27,5 km

In einer Rechtskurve über den **Marktplatz** in die **Museumstraße** ↝ rechts in die Ringstraße, am Ende links ↝ im Kreuzungsbereich rechts in den schmalen **Glaserweg** ↝ rechts in die Straße **St.-Ullrichsberg** ↝ kurz danach links in den **Oberen Kellerweg** ↝ dem leicht kurvigen Verlauf bis zum **Fischerweg** folgen ↝ hier links einbiegen ↝ in einer Linkskurve vorüber an einem Parkplatz ↝ **8** geradeaus über die Vorfahrtsstraße ↝ auf dem **Weg zur Amei-senbrücke** Feuchtwangen verlassen ↝ vorbei an der Siedlung **Ameisenbrücke** ↝ über eine kleine Brücke ↝ nach der Linkskurve an der T-Kreuzung rechts ↝ die 4er-Kreuzung geradeaus queren ↝ in **Lichtenau** der Rechtskurve folgen ↝ an der T-Kreuzung links ↝ an der Vorfahrtsstraße auf dem straßenbegleitenden Radweg rechts Richtung Thürnhofen.

Thürnhofen (Feuchtwangen)

Der Rechtskurve in Thürnhofen folgen ↝ am Ortsende rechts Richtung **Dentlein am Forst** ↝ ▲ nach rund 500 m rechts in den Dentleiner Forst ↝ nach der starken Linkskurve geradeaus über die Kreuzung ↝ kurz danach schräg rechts dem Weg folgen ↝ an der 4er-Kreuzung links halten ↝ an der Straße links und gleich danach rechts Richtung Wehlmäusel und **Oberlottermühle** und **Lotterhof** ↝ geradeaus weiter bis Wehlmäusel.

Wehlmäusel (Feuchtwangen)

Im Ort der Rechtskurve folgen ↝ geradeaus weiter Richtung Krapfenau ↝ an der Vorfahrtsstraße rechts ↝ direkt vor Krapfenau links ↝ **9** nach der Brücke wiederum links Richtung Sulzach ↝ an der T-Kreuzung links ↝ in **Sulzach** an der ersten Möglichkeit rechts in den Weg **Birkenfeld** ⁓ auf diesem Weg verlassen Sie Sulzach ⁓ für rund 3,5 km geht es nun geradeaus durch den **Frickinger Wald** ⁓ kurz vor dem nächsten Ort, **Schopfloch**, vorbei an einem Wasserturm ⁓ an der T-Kreuzung vor der **B 25** links und gleich danach rechts ⁓ mittels einer Brücke über die Bundesstraße ⁓ auf der **Friedrichstraße** in den Ort hinein.

Schopfloch

Geradeaus weiter in der **Bahnhofstraße** ⁓ unter der Bahn hindurch ⁓ über eine Brücke ⁓ **10** an der 4er-Kreuzung links Richtung Dinkelsbühl ⁓ bei der **Pulvermühle** links halten ⁓ im Prinzip radeln Sie jedoch immer unten im Tal dahin ⁓ **11** kurz bevor Sie Dinkelsbühl erreichen, auf dem Radweg eine größere Straße unterqueren ⁓ dann wird's so richtig romantisch, wenn Sie am Rothenburger Weiher vorbei durch das Tor nach Dinkelsbühl hineinradeln.

Dinkelsbühl

Vorwahl: 09851

🛈 Touristik Service Dinkelsbühl, Altrathauspl. 14, ✆ 902440, @ lvg156

🏛 Haus der Geschichte Dinkelsbühl - von Krieg und Frieden, Altrathauspl., ✆ 902440 ⓣ Thema: Aufstieg und Niedergang der Reichsstadt sowie deren Wiederentdeckung als Künstlerort (Gemäldegalerie). Zeitgemäße Präsentation für alle, besonders für Kinder. @ rkc267

🏛 Mies-Pilsner-Heimatmuseum, Bauhofstr. 41, ✆ 53003 ⓔ Hier wird über das wirtschaftliche und kulturelle Leben der Heimatvertriebenen des ehemaligen Landkreises Mies und der Stadt Pilsen informiert. @ gok166

🏛 Museum 3. Dimension, Stadtmühle/Nördlinger Tor ⓣ Thema: Erstes Museum der Welt zum Thema 3-D, Museum zum Anfassen und zum Staunen. @ swd267

🏛 Museum Kinderzech-Zeughaus, Bauhofstr. 43, ✆ 5549477 ⓒ Kostüme, Waffen, Schuhe und Requisiten des historischen Festspiels „Die Kinderzeche" werden zur Schau gestellt. @ ega574

⛪ Münster St. Georg, ⓒ Turmbesichtigung Mai-Okt. (nur bei schönem Wetter) @ ljn432

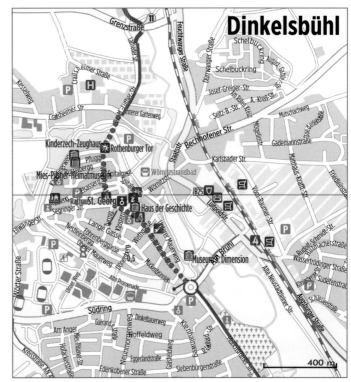

Dinkelsbühl

400 m

- **Rothenburger Tor** ㉔, @ sdt526
- **Wörnitzstrandbad**, Bleichweg, ☎ 9489. Eines der letzten Flussbäder in Bayern. @ crb111

Die bayrische Stadt Dinkelsbühl konnte ihr mittelalterliches Stadtbild in seinem ganzen Reiz erhalten, da sie von Kriegen nahezu unversehrt blieb. Harmonisch vereint sich in diesen historischen Mauern städtische und bäuerliche Kultur, reiche Fachwerkarchitektur wechselt mit den einfacheren Häusern der Handwerker. Weiher, Wall und Graben, Obst- und Gemüsegärten säumen den Stadtkern. Eine Statue des Dinkelbauern im Stadtpark erinnert an den sagenhaften Gründer der Stadt. Auch das Stadtwappen zeigt drei goldene Dinkelähren auf silbernem Dreiberg – ein Verweis darauf, wie hoch geschätzt der anspruchslose Dinkel einst auch hier war.

Aus dem Jahr 1188 stammt die erste urkundliche Erwähnung des „burgus tinkelsbpuhel", das im Verlauf des 13. und 14. Jahrhunderts zur Reichsstadt wurde. Zwei wichtige Fernhandelswege, jener von Frankfurt nach Italien und jener von Worms über Nürnberg nach Regensburg kreuzten sich hier und forcierten das wirtschaftliche Wachstum des Ortes. Da-

von künden heute noch stattliche öffentliche Bauten wie das Alte Rathaus, die Ratstrinkstube und die Schranne am Weinmarkt. Alles überragendes Zeugnis von Gottesfurcht und Bürgerstolz ist jedoch das gotische Münster St. Georg, eine der schönsten Hallenkirche Süddeutschlands.

Im Mittelalter speiste sich die Wirtschaftskraft der Stadt aus einem florierenden Handwerk. Vor allem Schmiede und Wolltuchmacher sorgten mit ihren Exportgütern Sicheln und Sensen sowie dem grauen Dinkelsbühler Tuch für Wohlstand. Rohwolle kam hauptsächlich von den städtischen Schafhöfen, Eisen aus dem nahen Wasseralfingen. Aus den Weihern, die noch heute in schillernder Kette die Stadt umgeben kommt der Dinkelsbühler Karpfen und deckte den Tisch des reichen Ratsherrn wie des einfachen Bürgers.

Im Dreißigjährigen Krieg blieb Dinkelsbühl vor Plünderung und Brandschatzing durch die Schweden verschont. Der Überlieferung nach war es ein mutiges Mädchen, die Türmerstochter Lore, das zusammen mit den Kindern der Stadt den anrückenden Schweden entgegen zog und so den Feind milde stimmte.

Dinkelsbühl, Abendstimmung Inselwiese

AndersRum (Karte 16): Am Ortsende von **Rühlingstetten** rechts abbiegen ⌇ nach etwa 1 km wieder rechts ⌇ entlang der Bahnlinie in Richtung **Greiselbach** ⌇ links von den Gleisen weg und durch **Wittenbach** auf der Ortsdurchfahrtsstraße nach **Mönchsroth** ⌇ hier auf die Bundesstraße ⌇ rechts ab und auf einem Radweg hinter **Diederstetten** vorbei ⌇ weiter auf dem Radweg bis **Dinkelsbühl**.

Daran erinnert noch heute jedes Jahr Mitte Juli ein farbenprächtiges historisches Festspiel, die Kinderzeche, das die gesamte Stadt auf die Beine bringt.

Auch außerhalb der Kinderzech´-Woche locken zahlreiche große und kleine Veranstaltungen in die ehemalige Reichsstadt an der Romantischen Straße. Darunter die Sommerfestspiele des Landestheater Dinkelsbühl, die Fisch-Erntewoche im Herbst oder der Weihnachtsmarkt im idyllischen Spitalhof.

Von Dinkelsbühl nach Maihingen 26,5 km

Auf der **Nördlinger Straße** und durch das Nördlinger Tor die Stadt verlassen ⌇ hinter Dinkelsbühl auf der **Mönchsrother Straße** und auf dem Radweg ab der Kläranlage Din-

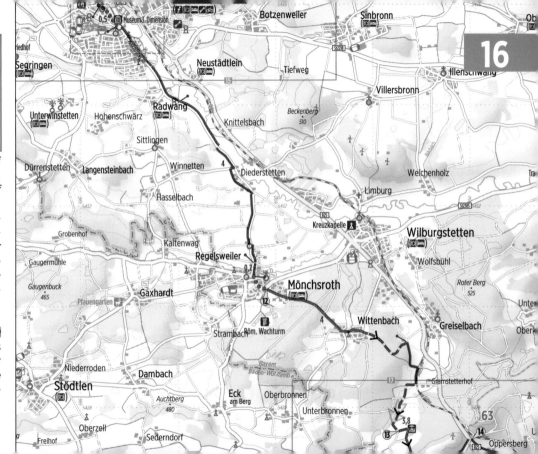

kelsbühl weiter nach Mönchsroth ∿ vorher passieren Sie aber noch, nachdem der Radweg auf die rechte Seite der Straße gewechselt hat, **Diederstetten** ∿ Sie rollen nach Mönchsroth hinunter ∿ links Richtung Wilburgstetten und Wassertrüdingen.

Mönchsroth
Vorwahl: 09853

🛈 **Gemeinde Mönchsroth**, Hauptstr. 2, ✆ 1634, @ rwe686

Klostermühle, Mahingen

Am Ortsende folgen Sie nicht der Hauptstraße, sondern **12** schwenken rechts in die Straße nach Wittenbach ein.

AUSFLUG Direkt nachdem Sie abgebogen sind, zweigt rechts ein Weg zum römischen Limes ab, ein nachgebauter Wehrturm informiert Sie über Wehranlagen, die die Römer zum Schutze ihrer Grenze errichteten.

Weiter nach **Wittenbach** ∿ durch den Ort entlang der Hauptstraße, erst am Ortsende rechts ∿ die asphaltierte Straße verlassen und gegen einen wundervoll schattenspenden- den Nadelwald eintauschen ∿ der recht gut befahrbare Waldweg und die Beschilderung weisen den Weg aus dem dunklen Wald hinaus ∿ weiter auf die Bahnlinie und auf den Ort Greiselbach zu ∿ vor den Gleisen rechts und parallel dazu weiter.

Nach rund 1 km entfernen Sie sich wieder von der Eisenbahn, und zwar dort, wo es links unter der Bahn hindurchgeht ∿ am Waldrand ent- lang ∿ Sie entfernen sich nach knapp einem Kilometer wieder vom Wald und den Teichen und befinden sich nun auf freier Flur ∿ **13** an der darauffolgenden Kreuzung links ∿ beim nächsten Teich rechts wieder auf Asphalt ∿ Tisch und Bänke laden hier zu einer Rast ein,

bevor Sie den kleinen Hügel erklimmen, der Ihnen die Sicht auf Rühlingstetten verwehrt ∿ in Rühlingstetten an der Querstraße links und durch die Ortschaft hindurch.

Rühlingstetten (Wilburgstetten)
Bergab aus Rühlingstetten hinaus ∿ auf dem Radweg bis zur **B 25** ∿ **14** diese queren und dem Radweg rund 2 km folgen ∿ links, dann gleich rechts ∿ an einem kleinen See weiter Richtung Fremdingen ∿ ca. 300 m nach dem See links, über eine kleine Brück dann gleich wieder rechts und direkt neben den Gleisen nach Fremdingen ∿ bis zur Querstraße.

Fremdingen
Vorwahl: 09086

🛈 **Gemeinde Fremdingen**, Kirchberg 1, ✆ 92003-0, @ yow388

🏛 **Dominikanerinnenkloster**, Kirchberg 17. 1721 gegründet, über- lebte als einziges Kloster im Ries die Säkularisation

AUSFLUG Hier haben Sie die Möglichkeit einen Ausflug nach Hochaltingen zu machen um das Barockschloss zu besichtigen.

Zum Schloss Hochaltingen   5,5 km
An der Querstraße links und die Gleise kreu- zen ∿ hinter der Bahnlinie gleich rechts und dem Straßenverlauf, beziehungsweise dem

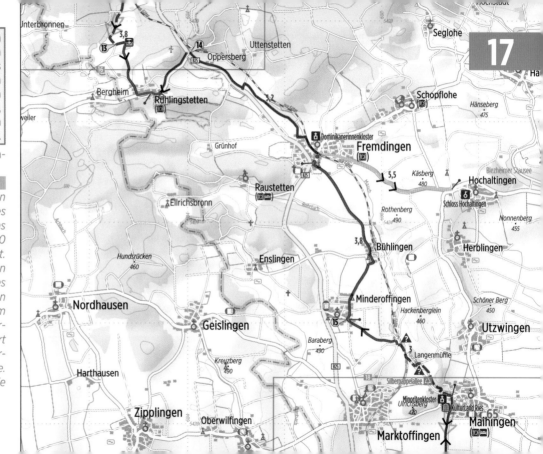

17

AndersRum (Karte 17): Nach der Ortschaft **Maihingen** links halten ∿ über die Bahnlinie und dann links ∿ an den Schnabelhöfen vorbei ∿ in **Minderoffingen** rechts Richtung **Bünlingen** und weiter nach **Fremdingen** ∿ in Fremdingen rechts Richtung Bahnübergang ∿ vor den Gleisen links auf den Radweg parallel zu den Gleisen, vorbei an einem kleinen See, dann parallel zur B 25 nach **Oppersberg** ∿ die B 25 queren und nach **Rühlingstetten**.

Radweg parallel zur Bundesstraße nach Hochalting folgen.

Hochaltingen (Fremdingen)

Seit 1153 war Hochaltingen Sitz der Herren von Haheltingen. Im 16. Jahrhundert gelangte es unter die Herrschaft derer von Hürnheim, die das dreiflügelige Schloss errichteten. Im Jahre 1770 erhielt das Schloss seine heutige barocke Gestalt. Seit dieser Zeit diente das Schloss den Fürsten von Oettingen-Spielberg als Sommersitz, bis es Ende des 19. Jahrhunderts von Franziskanerinnen übernommen wurde und heute als Altenheim fungiert. Außerdem sehenswert ist die Pfarrkirche Mariä Himmelfahrt. Im 18. Jahrhundert wurde sie als dreijochige Wandpfeilerkirche errichtet, im barocken Stil der Vorarlberger Schule. Profane und sakrale Kunstgegenstände sowie farbenfrohe Fresken schmücken das Innere.

An der Querstraße rechts und bei der ersten Möglichkeit, in der Rechtskurve der Straße (noch bevor Sie auf die Hauptstraße stoßen) links Richung **Bünlingen** und **Minderoffingen** abzweigen ～ **15** In Minderoffingen links Richtung Maihingen ～ auf einem etwas verwachsenen Waldweg gelangen Sie zur **Klostermühle** ～ an der Klostermauer entlang auf einem Pfad ～ Sie kommen dann auf einen gepflasterten Weg und durch ein Tor direkt ins Klostergelände.

Maihingen
Vorwahl: 09087

🛈 **Gemeinde Maihingen**, Josef-Haas-Str. 2, ✆ 310, @ ugo716

🏛 **Museum KulturLand Ries**, Klosterhof 3 + 8, ✆ 920717-0 ⊜ In zwei denkmalgeschützten Gebäuden einer barocken Klosteranlage präsentiert das Museum reiche volkskundliche Bestände. Im ehem. Brauhaus bemalte Möbel aus Rieser Werkstätten, Trachten, Keramik, Flachsbearbeitung, etc. In der ehem. Klosterökonomie die Ausstellung „Rieser Landwirtschaft im Wandel" – von der Handarbeit mit einfachen Geräten bis zur Vollmechanisierung. @ vot468

🅱 **Minoritenkloster Mariä Himmelfahrt**
Imposant erhebt sich das ehemalige Minoritenkloster Mariä Himmelfahrt, das in hellem Weiß erstrahlt. 1437 wurde das Kloster von den Grafen von Oettingen auf dem sumpfigen Boden des Mauchtales gestiftet, nachdem 30 Jahre zuvor, so erzählt es die Legende, Graf Johann der Ernsthafte von Alt-Wallerstein von seinem Pferd abgeworfen wurde und durch die Anrufung der Heiligen Mutter Anna gerettet wurde. Die von ihm gelobte Kapelle an dieser Stelle wurde bald zur Wallfahrtsstätte und später dann zum Kloster, das den Wechsel einiger Orden durch seine Mauern hat ziehen sehen, bevor der Birgittenorden hier Einzug hielt.

Mitte des 15. bis Ende des 17. Jahrhunderts bestand das Doppelkonvent der heiligen Birgitta in diesen Mauern. Anfang des 18. Jahrhunderts wurde die Klosteranlage von U. Beer, der der berühmten Vorarlberger Baumeisterfamilie entstammte, umgestaltet.

Direkt gegenüber des Klosters befindet sich das Rieser Bauernmuseum. Es ist in zwei Gebäuden des ehem. Klosters untergebracht. Das ehemalige Brüderhaus des Birgittenordens ist seit dem 15. Jahrhundert als einziges in dem Komplex ganz erhalten geblieben und wurde zwischen 1725 und 1935 als Brauhaus genutzt. Seit 1984 werden Ihnen hier die Zeugnisse und Dokumente der ländlichen Kultur des Rieses nahegebracht.

Die Hauptroute führt Sie nicht ganz bis zum Kloster vor, sondern biegt schon vorher links ab Richtung Birkhausen ～ kurz hinter Maihingen überwinden Sie für lange Zeit zum letzten Mal einen kleinen Hügel, denn nun befinden Sie sich im Ries.

Das Nördlinger Ries

Das Nördlinger Ries war lange Zeit ein großes Rätsel für die Forscher. Bis in die sechziger Jahre des 20. Jahrhunderts wurden vulkanische Tätigkeiten für die Entstehung eines so großen kreisrunden Kessels angenommen, bis zwei amerikanische Forscher Mineralien fanden, die nur bei Temperaturen und einem so hohen Druck entstehen konnten, die das Erdinnere nicht zu Wege bringen kann. Seitdem ist klar, dass das Ries nur durch einen fast einen Kilometer großen Steinmeteoriten entstanden sein kann, der mit einer Geschwindigkeit von ungefähr 70 000 Stundenkilometern auf die Alb-Hochfläche eingeschlagen hat. Ein bis zu 1000 Meter tiefes und 12 Kilometer großes Loch wurde in die Landschaft gerissen, durch

Ausgleichsbewegungen entstand ein ca. 25 Kilometer großer flacher Krater. Außerdem wurde damals ein neues Gestein geschaffen, der Suevit, der ein Gemisch aus Schmelzfetzen und zermalmtem Granit und Gneis darstellt.

Von Maihingen nach Nördlingen   10,3 km

Auf dem Radweg neben der Straße nach **Birkhausen** ~ am Ortsbeginn von Birkhausen rechts ~ am Ende der Straße links und gleich wieder rechts in die **Obere Dorfstraße** ~ **16** bei der zweiten Möglichkeit links in die Straße **Am Weiherbuck** ~ dann wiederum rechts halten ~ unter den Gleisen hindurch und auf einen Radweg, der bis Wallerstein führt ~ in dieser weiten Ebene taucht nun ein etwas seltsames Gebilde auf, das so gar nicht hierher passen mag: der Wallersteiner Felsen.

AndersRum (Karte 18): In **Nördlingen** in die **Oskar-Mayer-Straße** ~ links in die **Reimlinger Straße** ~ über den **Schäfflesmarkt** auf den **Marktplatz** und in die **Baldinger Straße** ~ immer geradeaus bis nach **Baldingen** ~ dort rechts und über **Ehringen** nach **Wallerstein** ~ rechts unter den Gleisen hindurch ~ in **Birkhausen** links in die Straße **Am Weiherbuck** ~ rechts in die **Obere Dorfstraße** und links aus dem Ort hinaus ~ in **Maihingen** durch das Klostergelände.

Wallerstein
Vorwahl: 09081

🛈 **Markt Wallerstein**, Weinstr. 19, ☎ 27600, @ oub671

🏛 **Neues Schloss**, Herrenstr. 78, ☎ 7820. Thema: Originales Mobiliar und Inventar sowie die erlesene Porzellan- und Gläsersammlung des Fürstlichen Hauses Oettingen-Wallerstein. @ onl275

⛪ **Pfarrkirche St. Alban**. Im 13. Jh. erstmals erwähnt, seltene zweischiffige Halle.

⛪ **Moritzschlössle**. Befindet sich im Hofgarten vom Schloss Wallerstein.

🗿 **Pestsäule** ㉔ 1722-1725 von Joh. Georg Bschorer geschaffen.

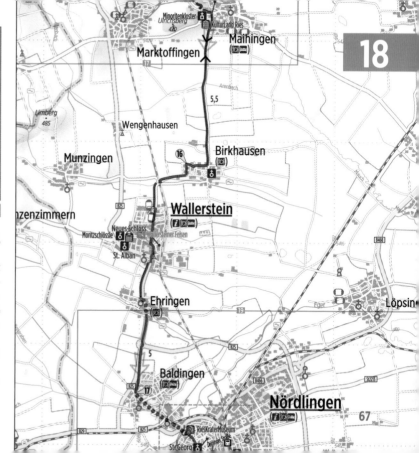

18

⭐ **Wallersteiner Felsen**, Obere Bergstr. ㉔ Zugang über das Gelände der Wallersteiner Brauerei. @ aua181

Der Wallersteiner Felsen

70 Meter hoch ist der mächtige Wallersteiner Felsen, der einst ein beliebter Siedlungspunkt mit äußerst strategischer Bedeutung war. Der Felsen gehört zu einer Reihe von Bergkuppen in dem sonst so flachen Ries. Der Halbkreis wird der „Innere Ring" genannt und ist der aufgeschobene und aufgeworfene Rand des eigentlichen primären Einschlagkraters. Dieser Primärkrater, der beim Einschlag des Meteo-

Nördlingen

riten entstand, hatte einen Durchmesser von 12 Kilometern.

Dem Einschlag folgten Ausgleichsbewegungen der Erdkruste, wodurch die Gesteinsmassen am Kraterboden angehoben wurden und gleichzeitig um den Krater herum die Schichten sich großräumig um 100 bis 200 Meter absenkten. Auf diese Weise entstand die Kraterrandzone und die Kraterstruktur des Rieses konnte sich auf die heutige Größe mit einem Durchmesser von 25 Kilometern erweitern. Dieser Innere Ring besteht zum Großteil aus kristallinem Gestein, also Granite und Gneise, aus denen sich auch der Wallersteiner Felsen zusammensetzt. Dieses Gestein bildet jedoch nur den Sockel für den Riesseekalkfelsen, dessen Gestalt heute sichtbar ist. Dieser Kalkstein entstand in dem See, der sich nach dem Meteoriteneinschlag im Krater gebildet hatte und das geschah folgendermaßen: Aus dem Granitfelsen des Inneren Ringes strömten Quellen, die Kalk abschieden. Der Wallerstein war damals eine pflanzenbewachsene Insel im Riessee, die durch den steigenden Wasserspiegel überflutet wurde. Diese festen Kalkabsätze, auch Travertin genannt, formten einen Stein, der dem Ansteigen des

Sees folgte, für lange Zeit von Tonsedimenten überdeckt war und während der Eiszeiten wieder freigelegt wurde.

Aufgrund dieser Ereignisse überragt die Kalkkuppe, der Wallerstein, das Ries und war im 12. Jahrhundert erstmals Baugrund für eine Burg. Seit 1188 gehörte diese Burg Kaiser Friedrich I. Barbarossa und war Mittelpunkt der staufischen Besitzungen des Rieses. Die zugehörige Siedlung, damals noch unter dem Namen Steinheim, wurde erst 1238 genannt. 1261, nach dem Untergang der Staufer, ging die Burg an die Grafen von Oettingen, unter denen sich eine blühende Siedlung während des 13. und 14. Jahrhunderts entwickelte.

Im 15. Jahrhundert wurden dann Burg und Schloss auch namentlich zusammengelegt, und die Oettinger Grafen begannen den Ort zur Residenz auszubauen. 1500 wurde dem Ort durch Kaiser Maximilian I. das Marktrecht verliehen. Im 18. Jahrhundert avancierte der Markt zum kulturellen Mittelpunkt des Fürstentums Oettingen-Wallerstein. 1806 verlor aber auch Wallerstein seine Unabhängigkeit an das Königreich Bayern.

Den Ort auf der Hauptstraße durchfahren, vorbei am Wallersteiner Felsen ~ an der T-Kreuzung links in die **Weinstraße** ~ dem Straßenverlauf folgen ~ wenn Sie auf die Hauptstraße treffen fahren Sie links und setzen Sie ihre Route zum schon recht nahen Nördlingen fort ~ auf der rechten Seite beginnt gleich beim Ortsende ein Fahrradweg, der im Ortsgebiet von **Ehringen** kurzzeitig aufhört, um an dessen Ortsende, nun auf der linken Seite, wieder fortzusetzen.

Baldingen (Nördlingen)

17 An der Querstraße in Baldingen links ~ weiter auf der Ortsdurchfahrtsstraße ~ immer geradeaus gelangen Sie nach Nördlingen ~ geradeaus unter den Gleisen hindurch ~ an der Vorfahrtsstraße geradeaus ins Zentrum ~ Sie kommen zum Marktplatz.

Nördlingen

Vorwahl: 09081

ℹ Tourist-Information, Marktpl. 2, ✆ 84116, ✆ 84216, @ jel643

🏛 Bayerisches Eisenbahnmuseum, Am Hohen Weg 6a, ✆ 24309 ☺ Gezeigt werden über 100 Originalfahrzeuge der Königlich Bayerischen Staatsbahn. @ ybs766

🏛 RiesKraterMuseum, Eugene-Shoemaker-Pl. 1, ✆ 84710 ☺ Thema: Geologische Geschichte des Rieses, das vor ca. 15 Millionen Jahren durch den Einschlag eines Meteoriten entstand. @ nsn251

🏛 Stadtmuseum, Vordere Gerberg. 1, ✆ 84810 ☺ Thema: Stadtgeschichte, Gerichtswesen, spätgotische Tafelgemälde, Malerei des 19. Jhs. Führungen auf Anfrage möglich. @ syi713

⛪ St. Georgskirche. Im 15. Jh. erneuert, eine der größten spätgotischen Hallenkirchen Süddeutschlands mit dem Turm als Wahrzeichen der Stadt, dem „Daniel". Ganzjährig geöffnet bietet dieser einen eindrucksvollen Blick auf die Stadt und das Umland.

✻ Kriegerbrunnen ㉔ 1902 entstanden, mit einzigartigen Jugendstilelementen.

Das einmalige Erlebnis, den „Daniel", das Wahrzeichen Nördlingens

Nördlingen

zu besteigen, sollten Sie sich nicht entgehen lassen. Wenn Sie die 350 Stufen des 90 Meter hohen Turmes hinaufgestiegen sind, eröffnet sich ein hinreißender Blick auf die kreisrund angelegte Stadt, eingesäumt von der 2,7 Kilometer langen Stadtmauer mit 11 Stadtmauertürmen, die zwischen dem 14. und dem 17. Jahrhundert angelegt wurden, und 5 erhaltenen Stadttoren sowie eine weite Aussicht auf das vor zirka 15 Millionen Jahren entstandene Ries. Eine einzigartige Besonderheit des „Daniels" ist der Türmer, der ihn bewohnt, eine ungebrochene Tradition seit dem 14. Jahrhundert. Sie befinden sich auf dem Turm einer der größten spätgotischen Hallenkirchen Süddeutschlands, die im 15. Jahrhundert neu errichtet wurde, als die alte St. Georgskirche den Nördlinger Bürgern zu klein geworden war. Der wuchtige und schlichte Kirchenbau ist aus dem Suevit-Gestein erbaut, das durch den Aufprall des Meteors entstanden war. In der eher überwiegenden Schmucklosigkeit ist der Hochaltar Blickfang und Mittelpunkt der dreischiffigen Halle. Dass ein solch enormer Bau im 15. Jahrhundert entstehen konnte, zeugt von einer schon länger andauernden Geschichte.

Erste Anzeichen einer Besiedelung reichen bis in römische Zeiten zurück, als hier eine Straßenstation stand. Die Römer nannten diese Region Raetia, aus dem die spätere Bezeichnung Ries entstand. Im 3. Jahrhundert ging die Siedlung dann an die Alemannen über, die sich in den folgenden 300 Jahren hier fest niederließen. Urkundlich erstmals erwähnt wurde der Königshof im Jahre 898 in der Schenkungsurkunde an den Bischof von Regensburg. 200 Jahre später wurde er von Friedrich II. wieder in den Reichsbesitz zurückgeholt. Im 13. Jahrhundert erlangte die Stadt Reichsfreiheit und entfaltete sich als Verkehrsknotenpunkt zu voller Blüte. Besondere wirtschaftliche Bedeutung hatte die Pfingstmesse, die weit über die Grenzen des Landes bekannt war, denn sie galt als einer der wichtigsten Treffpunkte des oberdeutschen Fernhandels. In den Jahren 1376-89 war Nördlingen Mitglied des Schwäbischen Städtebunds, ein Zusammenschluss von 14 schwäbischen Städten zur Sicherung der Reichsunmittelbarkeit. Die Zünfte bekamen immer größeren Einfluss in der Stadt, im Besonderen die Leinen- und Tuchweber sowie die Gerber und Färber.

Die blühende Stadt schloss sich 1522 der Reformationsbewegung an, der Zeitpunkt des beginnenden Niedergangs der Stadt, der seinen Höhepunkt im Dreißigjährigen Krieg hatte, nach dem sich die einstige freie Reichsstadt, die diesen Titel pro forma bis 1803 noch innehatte, wirtschaftlich nicht wieder erholte. Trotz all der Kriege und Zerstörungen hat sich Nördlingen ein historisches und einheitliches Stadtbild erhalten.

Von Nördlingen nach Harburg　24,7 km

Direkt vor der Kirche links und quer über den Marktplatz ~ nach der Kirche rechts halten und dem Straßenverlauf folgen ~ auf der **Reimlinger Straße** Nördlingen verlassen ~ an der **Oskar-Mayer-Straße** rechts ~ Sie ordnen sich auf der Geradeaus-Spur ein ~ weiter in einem Linksbogen der der Oskar-Mayer-Straße folgen ~ auf einem Radweg entlang der Straße nach Reimlingen ~ **18** im Ort endet der Radweg ~ Sie folgen hier dem Hauptstraßenverlauf.

Reimlingen

Das Schloss Reimlingen, erbaut im 16. Jahrhundert durch Volprecht von Schwalbach,

AndersRum (Karte 19): In **Balgheim** links und gleich wieder rechts an der Vorfahrtsstraße — auf der Ortsdurchfahrtsstraße nach **Reimlingen** und weiter auf einem Radweg nach **Nördlingen**.

beherbergt heute u. a. die Gemeindeverwaltung. In der Kulturetage finden Ausstellungen und Konzerte statt, der Schlossgarten bietet Platz für Open-Air-Veranstaltungen und Feste.

Nach dem Ortsende ein kurzes Stück rechts an der Bundesstraße entlang, dann gleich wieder links die Bundesstraße verlassen und dem Straßenverlauf nach **Balgheim** folgen.

Im Ort an der Vorfahrtsstraße links und gleich wieder rechts Richtung Merzingen und Mönchsdeggingen.

Geradeaus und leicht bergauf aus Balgheim hinaus — Sie kommen nach Merzingen hinein — in einer Rechtskurve über eine kleine Brücke.

Merzingen (Mönchsdeggingen)

Im Ort erst rechtsherum Richtung Mönchsdeggingen und in der Kurve dann links — **19** an der T-Kreuzung wiederum links.

Die Landstraße bringt Sie nach **Ziswingen** — an der Vorfahrtsstraße rechts — in der Rechtskurve links nach **Kleinsorheim** — Sie durchfahren die Ortschaft und radeln auf dem

19

Harburg

Großsorheimer Weg nach Großsorheim ∾ an der Vorfahrtsstraße links.

Großsorheim (Harburg)

Dem Straßenverlauf aus Großsorheim hinaus folgen ∾ unter der **B 25** hindurch ∾ im Ortsteil **Hoppingen** an der Hauptstraße links.

TIPP Hier haben Sie die Möglichkeit die Strecke abzukürzen. An der Hauptstraße links und dann rechts und über die Brücke. Auf der anderen Seite der Wörnitz an der Querstraße rechts nach Katzenstein.

Über die Gleise ∾ direkt danach links dem Weg folgen ∾ der Rechtskurve nach Heroldingen hinein folgen.

Heroldingen (Harburg)

20 Nach der Brücke rechts in die Straße **An der Tiefenmühle** ∾ es geht aus dem Ort hinaus ∾ diesem Weg bis **Katzenstein** folgen, dann rechts ab in die kleine Siedlung ∾ zur Wörnitz und auf dem Weg parallel zum Fluss entlang ∾ unter den Gleisen hindurch ∾ weiter nach **Ronheim** ∾ den Ort durchfahren und wieder unter den Gleisen hindurch ∾ nach den Gleisen rechts auf den Radweg nach Harburg ∾ am Ortsanfang endet der Radweg und Sie folgen dem Straßenverlauf über die Gleise ∾ wo die Brücke rechts über die Wörnitz führt, fahren Sie links in die **Mündlinger Straße**.

INS ZENTRUM Wer ins Zentrum und zur Burg möchte, hält sich rechts und radelt über die **Alte Steinerne Brücke**.

Auf der Mündlinger Straße über die Gleise und gleich danach rechts ein kurzes Stück parallel zu den Gleisen.

Harburg

Vorwahl: 09080

🛈 **Stadt Harburg**, Schlossstr. 1, ☎ 96990, @ uac131

⛪ **Burg Harburg**, Burgstr. 1, ☎ 96860 🕖 Schlossführungen stündlich, @ ilu823

AndersRum (Karte 20): Auf Höhe von **Ebermergen** die B 25 überqueren ∾ einbiegen Richtung Brünsee ∾ nach der Ortschaft **Brünsee** auf der **Brünseer Straße** nach **Harburg** ∾ hinter der Bahn in die **Mündlinger Straße** ∾ vor der Brücke rechts in die **Wemdinger Straße** ∾ der Straße, beziehungsweise dem Radweg, über **Ronheim** bis **Heroldingen** folgen ∾ vor dem Ort links über die Brücke und entlang der Bahn ∾ die Gleise überqueren und nach **Hoppingen** ∾ rechts und über die **B 25** ∾ links ab nach **Großsorheim** ∾ durch **Kleinsorheim** ∾ in **Ziswingen** rechts und am Ortsende links ∾ in **Merzingen** dem Rechtsbogen folgen und dann linksherum nach **Balgheim**.

Macht- und prachtvoll erhebt sich die Befestigungsanlage der Harburg, die zu den am besten erhaltenen Burgen Deutschlands gehört, über dem Wörnitztal. Hier trennt die Wörnitz die Schwäbische von der Fränkischen Alb und bildet die Grenze zwischen dem Jura der beiden Teile des süddeutschen Schichtstufenlandes. Über diesem Durchbruchstal wurde die Burganlage ursprünglich zum Schutz der Reichsstraße Nördlingen–Donauwörth angelegt. 1093 wird die Burg erstmals erwähnt und befand sich von 1150 bis 1295 in den Händen der Staufer. Dann gelangte die Harburg, Festung

und Ort, durch Verpfändung an die Grafen von Oettingen, die hier zwischen 1493 und 1549 residierten.

Bis zum 16. Jahrhundert war die Architektur der Burg noch rein von den Wehranlagen geprägt. Dies änderte sich während der Residenzzeit der Oettinger, die die Anlage zu einem Schloss ausbauten, was sich im Besonderen in den Wohn- und Wirtschaftsgebäuden auswirkte. Im 18. Jahrhundert erhielt die Harburg dann ihre jetzige Gestalt in Form einer Barockisierung.

Donauwörth

Von Harburg nach Donauwörth 14,2 km

Auf der Mündlinger Straße aus dem Ort hinaus ⌁ auf der **Brünseer Straße** nach **Brünsee** ⌁ weiter bis zur B 25 und unter dieser hindurch ⌁ **21** geradeaus auf der Straße **An der Brücke** nach Ebermergen.

Ebermergen (Harburg)

Dem Straßenverlauf durch den Ort folgen und weiter in der **Pfarrgasse** immer Richtung Bahngleise ⌁ am Ende der Pfarrgasse der Linkskurve der Straße folgen und weiter in der **Georgenstraße** ⌁ an der 4er-Kreuzung rechts und auf die Gleise zu ⌁ der Bahnlinie bis **Wörnitzstein** folgen ⌁ an der Gabelung links und über die Brücke ⌁ nach der Brücke gleich rechts ⌁ auf ruhigen Wegen radeln Sie bis Felsheim ⌁ geradeaus durch den Ort.

Felsheim (Donauwörth)

In einer Linkskurve aus Felsheim hinaus ⌁ nach der Ortschaft rechts unter der Bahn hindurch ⌁ hinter der Kreuzung ist die Straße nicht mehr befestigt und geht bald in einen gemeinsamen Rad- und Fußweg über ⌁ auf dem gesandeten Radweg über eine Holzbrücke ⌁ auf diesem Radweg nach Donauwörth hinein ⌁ über

eine Querstraße geradeaus weiter ⌁ bei den **Tennisplätzen** weist ein Radschild links auf einem Pfad kurz steil hinauf ⌁ weiter auf einem Dammweg ⌁ der Radweg endet, geradeaus weiter auf der asphaltierten Straße.

22 Wundern Sie sich nun nicht, Sie fahren durch den Torbogen in einen Tunnel hinein, der Sie in ein Parkgelände geleitet ⌁ hier nehmen Sie den rechten der Wege direkt zwischen Spielplatz und Mangoldfelsen entlang ⌁ an der historischen Stadtmauer können Sie rechts problemlos ins Zentrum abzweigen, die Route für die Weiterfahrt geht hier jedoch links weiter.

Donauwörth

Vorwahl: 0906

🛈 **Städt. Tourist-Information**, Rathausg. 1, ✆ 789151, @ yud152

🏛 **Haus der Stadtgeschichte**, Spitalstr. 11, im Rieder Tor, ✆ 798170 ©, @ lrg628

🏛 **Heimatmuseum auf der Insel Ried**, Museumspl. 2, ☎ 789170, ☎ 789151 🕾 Das Museum ist im ehemaligen Fischerhaus aus dem Jahr 1480 untergebracht und thematisiert das Leben hier an der Donau in früheren Zeiten, u. a. gibt es viel über das Fischereiwesen oder das Metallhandwerk zu erfahren. Eine alte Rauchküche und die Wohn- und Schlafstube erzählen von früher, genauso wie die Sammlung von Votivbildern von Wallfahrtsorten in der Umgebung. @ svw737

🏛 **Käthe-Kruse-Puppen-Museum**, Pflegstr. 21a, ☎ 789170 🕾 Das Puppenmuseum hat seinen Sitz im denkmalgeschützten Gemäuer eines ehemaligen Kapuzinerklosters. Hier wird die umfangreiche Sammlung an Käthe-Kruse-Puppen (1883-1968) präsentiert. @ pln161

🏛 **Werner-Egk-Begegnungsstätte**, Pflegstr. 21a, ☎ 789170 🕾 Dem weltbekannten Komponisten Werner Egk (1901-1983) ist im ehemaligen Kapuzinerkloster ein Museum der besonderen Art gewidmet. @ hit563

🔯 **Münster „Zu Unserer Lieben Frau"**, Reichsstr./Münsterpl., ☎ 706280. Im 15. Jh. erbaute gotische Hallenkirche mit der Pummerin, der größten (131 Zentner) Turmglocke Schwabens.

AndersRum (Karte 21): In **Donauwörth**, auf dem Radweg parallel zur Zirgesheimer Straße kommend, vor der Brücke rechts halten, weiter links durch das Parkgelände ⏞ am Spielplatz links halten und durch einen Tunnel ⏞ auf einem Dammweg Donauwörth verlassen ⏞ unter der Bahn hindurch und durch **Felsheim** geradeaus durch den Ort ⏞ weiter nach **Wörnitzstein** ⏞ hier links über die Brücke und entlang der Bahnlinie nach **Ebermergen** ⏞ durch den Ort und zur B 25.

🔯 **Klosteranlage Heilig Kreuz**, Heilig-Kreuz-Str. 19. Wallfahrtskirche aus dem 11. Jh., barock geprägt von der „Wessobrunner Schule", Werke von historischer und kunsthistorischer Bedeutung im Innern.

✳ **Deutschordenshaus**, Kapellstr. 3 🕾 Im 18. Jh. erbaut, ist eine der ältesten Niederlassungen des 1197 gegründeten Deutschen Ritterordens.

✳ **Reichsstraße** ㉔ Eine der schönsten Straßenzüge Süddeutschlands mit Rathaus, gotischem Liebfrauenmünster, Fuggerhaus und Reichsstadtbrunnen.

✉ **Freibad auf dem Schellenberg**, Sternschanzenstr. 1, ☎ 789540, ☎ 789140, @ hsf836

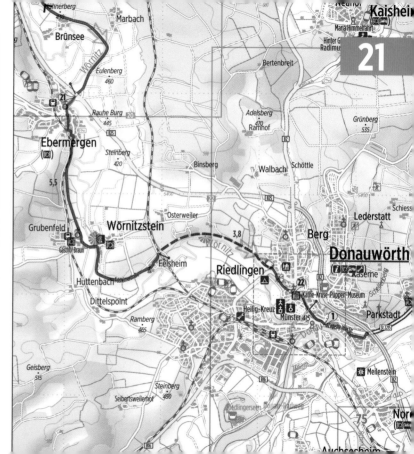

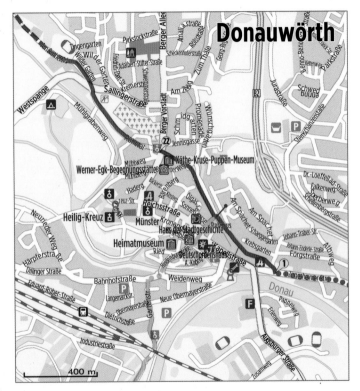

Donauwörth

Man kann sich heute kaum mehr vorstellen, dass eine Brücke eine Stadt reich machen kann. Früher, als es ein gefährliches und langwieriges Unterfangen war, eine längere Brücke zu bauen, war dies öfter der Fall. So zum Beispiel in Donauwörth. Hier kreuzte der wichtige Handelsweg zwischen Nürnberg und Augsburg die Wasserstraße. An die dreißig Mal wurde die Brücke zerstört und ebenso oft wurde sie wieder aufgebaut. Aber auch die schmucken Bürgerhäuser, vor allem in der Reichsstraße, belegen die historische Bedeutung der Stadt. Ebenso die zahlreichen kunsthistorischen Schätze der Kirchen sind ein äußeres Zeichen einstigen Wohlstands. Da ist zum Beispiel die Pietá (1508), eine frühbarocke Darstellung, die steinerne Muttergottes und das gotische Sakramentshäuschen. Den Abschluss der Reichsstraße bildet das Rathaus, dem das sogenannte

Fuggerhaus gegenübersteht, das Anton Fugger 1537-39 anlässlich der Übernahme der Reichspflege errichten ließ.

Außerdem blieben, als letzte von vier großen Ausfalltoren, das Rieder Tor und das Färbertor erhalten. Um die Klosteranlage Heilig Kreuz, sie liegt am Rande der Innenstadt, ranken sich viele kleine Histörchen. Die Kreuzreliquie stammt aus Byzanz. Graf Mangold I. von Werd hat sie hierher gebracht. Nach Byzanz war er übrigens gereist, um eine Frau für den Kaisersohn mitzubringen, was ihm allerdings nicht gelang.

Von Donauwörth nach Landsberg

132 km

Dort, wo die Wörnitz in die Donau mündet, in der alten Reichsstadt Donauwörth, fängt der dritte Abschnitt der Romantischen Straße an. Wieder ein anderer Fluss wird von nun an Ihr Begleiter sein: der Lech. Eine weite Ebene charakterisiert das Auengebiet dieses Flusses zwischen Donauwörth und Augsburg. Hinter Augsburg verändert sich das Bild des Lechs recht stark, Grund hierfür sind nicht zuletzt die zahlreichen Staustufen. Ein See nach dem anderen nimmt die türkisen Wassermassen auf, die der Fluss aus den Alpen mit sich bringt.

Zunächst verläuft die Route auf befestigten Wegen mitten durch das Lechfeld, später an dessen bewaldeten Rändern entlang, natürlich ohne wesentliche Verkehrsbelastung. Etwa acht Kilometer vor Augsburg wird die Route entlang des Lechs bis zur Stadt der Fugger unbefestigt. Mit ständigem Blickkontakt zum Lech radeln Sie bis Landsberg, wobei die letzte Strecke vor diesem Etappenziel teilweise auf unbefestigten Wegen verläuft, und kehren dem Fluss nur selten den Rücken zu.

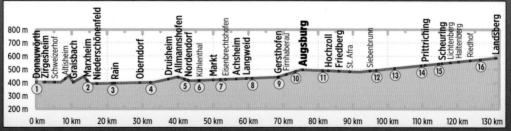

Rain, Rathaus mit Tilly-Denkmal

Von Donauwörth nach Rain — 24,7 km

Auf der Promenade durch den Park ⌇ **1** am Parkende links auf die stark befahrene **Zirgesheimer Straße** ⌇ rechts weiter auf dem **Schützenring**, danach links und am Ende der Straße erneut nach links, **Im Weichselwörth** ⌇ bei der Zirgesheimer Straße rechts ⌇ unter der B 2 hindurch und Richtung Zirgesheim, Radweg bis dorthin auf beiden Seiten der Landstraße.

Zirgesheim (Donauwörth)

Weiter auf dem Radweg nach Schäfstall.

VARIANTE Hier zweigt eine kurze Variante, die abseits der Hauptstraße und mit weniger Steigungen verläuft, ab. In Altishem treffen sich beide Routen wieder.

Bergauf und bergab über **Altisheim** und **Leitheim** ⌇ das Schloss Leitheim kann besichtigt werden ⌇ der Landstraße folgend gelangen Sie über **Lechsend** nach Marxheim ⌇ die etwas erhöhte Straße lässt so manche Aussicht auf das Donautal zu ⌇ Radwege sind auf dieser Strecke immer wieder vorhanden.

Marxheim

Der Radweg endet kurz vor der Kirche ⌇ **2** bei der nächsten Kreuzung rechts Richtung **Bruck** auf den straßenbegleitenden Radweg ⌇ in Bruck endet der Radweg und Sie müssen ein kurzes Stück auf der Straße weiter fahren ⌇ über die Donau ⌇ nach ca. 2 km beginnt der Radweg wieder ⌇ weiter bis **Niederschönenfeld** ⌇ links nach **Feldheim** abbiegen ⌇ auf der **Raifeisenstraße** in den Ort ⌇ links halten und weiter auf der **Gartenstraße** ⌇ auf der Brücke die Bundesstraße überqueren ⌇ vorbei an einer Kläranlage ⌇ dem Straßenverlauf folgen und unter den Gleisen hindurch nach Rain.

Rain

Vorwahl: 09090

🛈 **Stadt Rain**, Hauptstr. 60, ✆ 703-333, @ cjo451

🏛 **Gebrüder-Lachner-Museum**, Kirchpl. 7, ✆ 703-340 ⊙ Die Brüder Franz, Vinzenz und Ignaz Lachner zählen zu den bedeutendsten bayerischen Komponisten und Musikern des 19. Jhs. @ ais735

🏛 **Heimatmuseum**, Oberes Eck 3, ✆ 703-340 ⊙⊙, @ kpo533

🏛 **Jean-Daprai-Museum**, Bahnhofstr. 6, ✆ 700821 ⊟ Thema: Surrealistische Malerei, @ okt187

⛪ **St. Johannes der Täufer**, Pfarrstr. 9. Die Stadtpfarrkirche aus dem 14 Jh. ist mit gotischen Decken- und Wandmalerein ausgestattet. @ pfi781

⛪ **Kurfürstliches Schloss**. Das ehemalige Wasserschloss stammt aus dem 15 Jh. und befindet sich am Rande der Altstadt. @ enu464

🗿 **Tilly-Denkmal** 24 Die Statue wurde 1914 an der Hauptstraße aufgestellt, in Erinnerung an die Schlacht bei Rain. @ puh764

✳ **Hauptstraße**. Einzigartiges Ensemble mit Bürgerhäusern aus dem 17. und 18. Jh. und dem Rokoko-Rathaus (1759-1762).

🌳 **Dehner-BLUMENPARK**, Donauwörther Str. 3-5 24 Der 115.000 m² große Blumenpark mit Schaugarten sowie Naturlehrgarten. @ vob451

🌳 **Georg-Weber-Park** 24 Der Park mit Bronzeplastiken befindet sich südlich der Altstadt. @ cqu371

🌳 **Stadtpark**, in den Wallanlagen, nördlich der Altstadt 24

🏊 **Hallenbad**, Preußenallee 28, ✆ 95997321

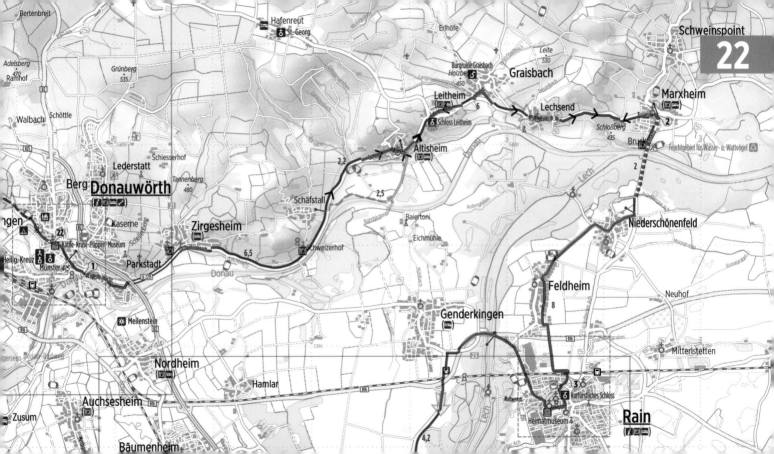

Bertenbreit

Hafenreut
St. Georg

Erlhöfe

Schweinspoint

Adelsberg
470
Ramhof

Grünberg
535

Burgruine Graisbach
Holzberg
450

Graisbach

Marxheim

Leite
530

Leitheim

2

Walbach Schöttle

6
Schloss Leitheim

Lechsend

Lechsend

Schloßberg
435

Bruck

2

Feuchtgebiet für Wasser- u. Wattvögel

Berg **Donauwörth**

Lederstatt

Schiesserhof

Tannenberg
480

2,2

Altisheim

Donau

Lech

Niederschönenfeld

Schäfstall

2,5

Baiertoni

Rutengraben

2

Zirgesheim

Kaserne

Schweizerhof

Eichmühle

Schleiferberg

Käthe-Kruse-Puppen-Museum

Heilig-Kreuz

Parkstadt

6,5

Donau

Feldheim

Münster 415

1

Meilenstein

Neuhof

8

Nordheim

Genderkingen

Mitterlstetten

Hamlar

Auchsesheim

B16

3
Kurfürstliches Schloss

Zusum

Kraftwerk

Rain

Bäumenheim

Heimatmuseum

4,2

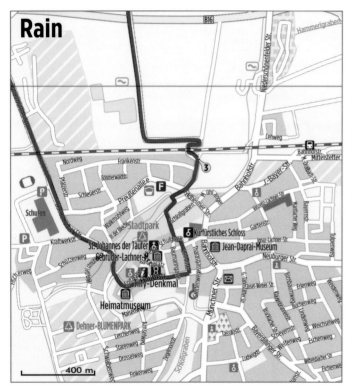

Rain

Rain wurde erstmals 1257 in einer Urkunde des Klosters Niederschönenfeld erwähnt. Geschichtliche Bedeutung erlangte die Stadt als Grenzstadt im nordwestlichen Winkel (Alt-)Bayerns. Der damals noch reißende Gebirgsfluss Lech bildete an dieser Stelle die bayerische Westgrenze. Privilegien wie Stadt- und Marktrechte und die Einnahme von Zöllen machten aus Rain eine wohlhabende Festungsstadt. Als Zeugnisse dieser Zeit sind noch Reste der Stadtmauer und der ehemaligen Stadtbefestigung sichtbar.

Die bundesweit bekannte Firma Dehner hat ihren Hauptsitz in der „Blumenstadt" Rain. Im Jahr 2009 wurde hier die Gartenschau „Natur in Rain" ausgerichtet. In diesem Zusammenhang wurden der Stadtpark mit der Leutnantschanze neu angelegt, das kurfürstliche Schloss renoviert und ein Natur-Lehrgarten an den Dehner-Blumenpark angeschlossen.

Ebenfalls 2009 wurde Rain Mitgliedstadt der Romantischen Straße. Seitdem führen neben der Ferienstraße selbst auch der Fern- und Radwanderweg durch die geschichtsträchtige und blumenreiche Stadt am Lech.

Von Rain nach Biberbach   27,2 km

Kurz nach der Ortseinfahrt entfernt sich der Radweg von der Straße und führt unter der Bahn hindurch ∼ danach gleich rechts ∼ **3** an der nächsten Straße biegen Sie links ein ∼ überqueren Sie die folgende Straße ∼ durch den Park hindurch zur **Schloßstraße** ∼ bis Sie an die **Hauptstraße** gelangen ∼ rechts einbiegen ∼ dem Straßenverlauf auf der **Donauwörther Straße** stadtauswärts folgen ∼ nach dem Industriegebiet links abfahren ∼ in einer Rechtskurve unter der Brücke hindurch und auf diese auffahren ∼ den straßenbegleitenden Radweg entlang

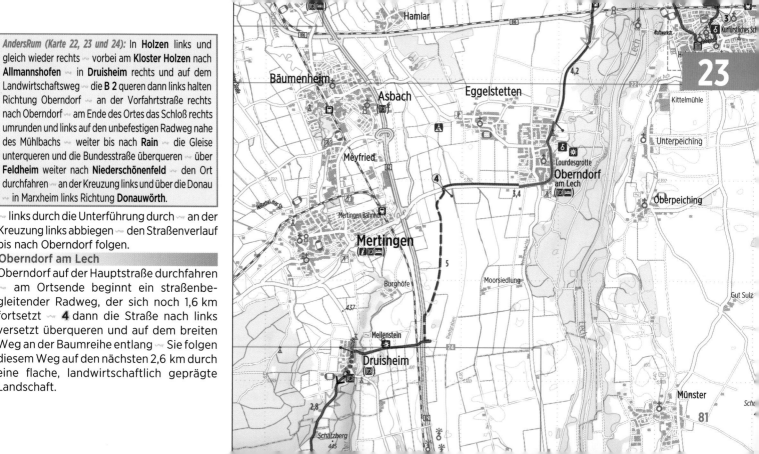

AndersRum (Karte 22, 23 und 24): In **Holzen** links und gleich wieder rechts ⌇ vorbei am **Kloster Holzen** nach **Allmannshofen** ⌇ in **Druisheim** rechts und auf dem Landwirtschaftsweg ⌇ die **B 2** queren dann links halten Richtung Oberndorf ⌇ an der Vorfahrtstraße rechts nach Oberndorf ⌇ am Ende des Ortes das Schloß rechts umrunden und links auf den unbefestigen Radweg nahe des Mühlbachs ⌇ weiter bis nach **Rain** ⌇ die Gleise unterqueren und die Bundesstraße überqueren ⌇ über **Feldheim** weiter nach **Niederschönenfeld** ⌇ den Ort durchfahren ⌇ an der Kreuzung links und über die Donau ⌇ in Marxheim links Richtung **Donauwörth**.

⌇ links durch die Unterführung durch ⌇ an der Kreuzung links abbiegen ⌇ den Straßenverlauf bis nach Oberndorf folgen.

Oberndorf am Lech

Oberndorf auf der Hauptstraße durchfahren ⌇ am Ortsende beginnt ein straßenbegleitender Radweg, der sich noch 1,6 km fortsetzt ⌇ **4** dann die Straße nach links versetzt überqueren und auf dem breiten Weg an der Baumreihe entlang ⌇ Sie folgen diesem Weg auf den nächsten 2,6 km durch eine flache, landwirtschaftlich geprägte Landschaft.

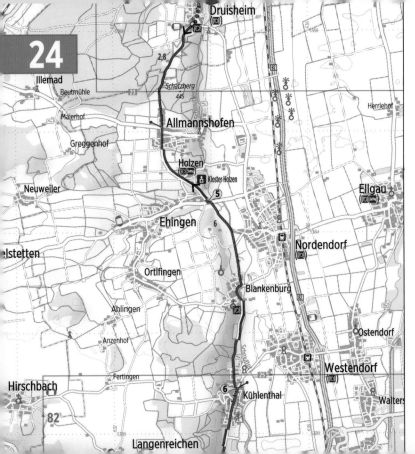

An der T-Kreuzung kurz vor der **B 2** links 〰 vor der Brücke links 〰 auf der Brücke überqueren Sie schließlich die autobahnähnlich ausgebaute B 2 〰 im weiteren Wegverlauf die Bahnstrecke überqueren 〰 Sie fahren schnurgerade auf Druisheim zu 〰 der Weg mündet in Druisheim in die **Trowinstraße** 〰 folgen Sie der Trowinstraße Richtung Süden 〰 in der Ortsmitte rechts Richtung Allmanshofen in die **Graf-Treuber-Straße** 〰 der Straße bis **Allmannshofen** folgen 〰 am Ortsende von Allmannshofen beginnt links der Straße ein Radweg 〰 bergab am **Kloster Holzen** vorbei

Holzen (Allmannshofen)

5 Unten an der Vorfahrtsstraße links und gleich in die nächste Straße wieder rechts 〰 an der Weggabelung rechts halten 〰 an der nächsten Kreuzung geradeaus 〰 auf dieser Straße erreichen Sie die Ortschaft **Blankenburg** 〰 an der Kreuzung links 〰 an der Vorfahrtsstraße rechts.

Blankenburg (Nordendorf)

Von Blankenburg fahren Sie weiter auf der Straße nach **Kühlental** 〰 **6** in Kühlental an der Hauptstraße mit einem Schlenker nach links und gleich darauf rechts in die Straße **Am Anger** 〰 auf dieser Straße verlassen Sie den Ort und fahren nach Markt weiter.

Markt (Biberbach)

Die Ortschaft Markt empfängt Sie mit einem weiß getünchten Schloss, das zum Besitz der Fugger zählt und seiner barocken Schlosskirche.

Sie umrunden den Schlossberg rechtsherum und biegen hinter dem Gasthof links in die **Sonnenstraße** 〰 am Ortsende nimmt Sie ein Radweg auf, um Sie nach Biberbach zu bringen 〰 in Biberbach rechts auf die Hauptstraße **7** im Ort links Richtung Augsburg.

Biberbach

Von Biberbach nach Augsburg 28,7 km

Wenn die Steigung beginnt, können Sie rechts auf eine Nebenfahrbahn ausweichen ∼ an der Kirche des Ortes vorbei und weiter auf dem Radweg nach Eisenbrechtshofen.

Eisenbrechtshofen (Biberbach)

Den Ort durchfahren und auf einem Radweg nach **Achsheim** ∼ von der **Bauernstraße** in Achsheim links nach Langweid ∼ durch die Bahnunterführung ∼ an der Querstraße geradeaus in die **Achsheimer Straße** ∼ an der **Augsburger Straße** rechts.

Langweid am Lech

Vorwahl: 08230

ℹ **Gemeinde Langweid am Lech**, Augsburger Str. 20, ✆ 84000, @ ylq775

Am Kreisverkehr links über die Autobahn ∼ auf dem Radweg entlang der **Rehlinger Straße** zum Lech ∼ **8** nach dem **Lechkanal**

rechts auf einen gesandeten Weg ∼ nachdem Sie nun noch die Brücke über einen Verbindungsarm vom Lech zu seinem Kanal überwunden haben und den linken Weg für die Weiterfahrt gewählt haben, radeln Sie immer auf der Insel zwischen Lechkanal und dem Lech dahin ∼ an der großen Querstraße können Sie rechts nach Gersthofen abbiegen.

Gersthofen

Vorwahl: 0821

ℹ **Stadt Gersthofen**, Rathauspl. 1, ✆ 2491-0, @ wxe848

🏛 **Ballonmuseum**, Bahnhofstr. 12, ✆ 2491506 ♿ Im ehemaligen Wasserturm der Stadt wird die Geschichte der Ballonfahrt dargestellt. @ tut345

✉ **Gerfriedswelle**, Sportallee 24, ✆ 471700, @ syj476

◉ **Hallenbad**, Brucknerstr. 1a, ✆ 49708833, @ gus746

Für die Weiterfahrt links über den Lech ∼ **9** am anderen Ufer wenden Sie sich nach rechts

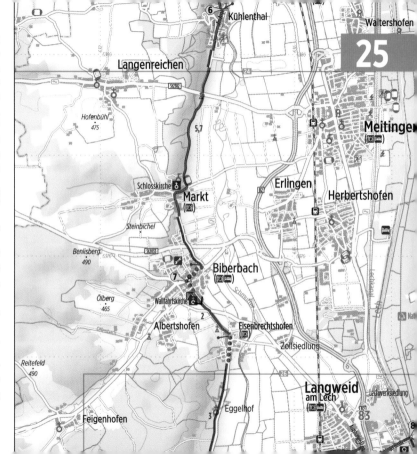

und radeln auf der linken Seite des Flusses unter der Autobahn hindurch und immer tiefer nach Augsburg hinein ∼ Sie halten sich am besten immer in Sichtweite des Lechs, dann können Sie Ihren Weg gar nicht verfehlen.

VARIANTE Wenn Sie die Fahrt durch das Zentrum von Augsburg mit teilweise verkehrsreichen Straßen vermeiden möchten, radeln Sie einfach weiterhin geradeaus am Lechufer entlang.

10 An der Weggabelung links halten ∼ wiederum links in die Leipziger Straße ∼ rechts in die **Dr.-Otto-Meyer-Straße** einbiegen ∼ an der Kreuzung mit der **Hans-Böckler-Straße** rechts und über die **MAN-Brücke** den Lech überqueren.

Es geht weiter auf der **Stadtbachstraße** ∼ über die **Thommstraße** gelangen Sie zum **Fischertor** ∼ hier links in die **Frauentor-Straße** ∼ Sie befinden sich nun im Zentrum von Augsburg.

Augsburg
Vorwahl: 0821

i **Tourismusverband Allgäu/Bayerisch-Schwaben**, Schießgrabenstr. 14, ✆ 4504010, @ fcf532

i **Tourist-Information**, Am Rathauspl. 1, ✆ 502070, @ klx347

🏛 **Augsburger Puppenkiste**, Spitalg. 15, ✆ 4503450 🖷 Originalpuppen aus 50 Jahren Marionettentheater auf 600 m² Ausstellungsfläche. @ slb813

🏛 **Brechthaus/Brechtgedenkstätte**, Auf dem Rain 7, ✆ 4540815 🖷 Thema: Video-Guide und Dokumente zum Leben und Werk des Dichters in seinem Geburtshaus. @ sfh282

🏛 **Deutsche Barockgalerie**, Maximilianstr. 46, ✆ 3244118 🖷 Im Schaezlerpalais sind Gemälde deutscher Meister des 16.-18. Jhs. und der wunderbare Rokokofestsaal zu sehen. @ jcv113

🏛 **Diözesanmuseum St. Afra**, Kornhausg. 3-5, ✆ 3166-8833 🖷 Museum mit erlesenen Kunstschätzen: die Bronzetüre des Augsburger Domes aus dem 11. Jh., die Funeralwaffen Kaiser Karls V. oder Messgewänder des heiligen Ulrich aus dem 10. Jh. @ uen611

🏛 **Fugger und Welser Erlebnismuseum**, Äußeres Pfaffengäßchen 23, ✆ 45097821 🖷 Schöne Kulisse für das sehenswerte Museum ist das Renaissancegebäude „Wieselhaus". In diesem Haus wird der Einfluss erfahrbar, den Augsburgs Patrizier-Familien im frühen 16. Jh. im europäischen und weltweiten Wirtschaftsgeschehen hatten. @ yob121

🏛 **Maximilianmuseum**, Fuggerpl. 1, ✆ 3244167 🖷 Ausgestellt werden Exponate zu den Themen Stadtgeschichte, Augsburger Silber, Kunstgewerbe aus dem 10.-18. Jh., Buchmalerei, Plastik und Architekturmodelle. @ ysm465

🏛 **Mozarthaus**, Frauentorstr. 30, ✆ 4507945 🖷 Dokumentation zum Leben und Wirken von Leopold und Wolfgang Amadeus Mozart. @ ete718

🏛 **Römisches Museum**, Zeugpl. 4, ✆ 3244131 🖷 Bedeutendste Sammlung römischer Steindenkmäler Bayerns: Gemmen und Bronze-Statuetten, ein Goldmünzenschatz, Keramiken und Gläser. Im Zeughaus befindet sich derzeit eine Ausstellung mit ausgewählten wesentlichen Exponaten des Museums unter dem Namen „Römerlager – Das römische Augsburg in Kisten". @ opy325

🏛 **Schwäbisches Handwerkermuseum**, Beim Rabenbad 6, ✆ 32591270 🖷 In begehbaren historischen Werkstätten in Augsburgs Altstadt wird das alte Handwerk lebendig. @ aqe247

🏛 **Staatliches Textil- und Industriemuseum tim**, Provinostr. 46, ✆ 8100150 🖷 Das Museum zeigt die Veränderung des Menschen während des Industriezeitalters. @ ftl366

Ulrichskirche, Augsburg

26

AndersRum (Karte 25 und 26): Vom Uferradweg entlang des Lechs links auf den Radweg entlang der **Rehlinger Straße** über die **B 2** und nach **Langweid** links in die **Achsheimer Straße** weiter nach **Achsheim** dort rechts und auf dem Radweg nach **Eisenbrechtshofen** in Eisenbrechtshofen links und nach Bibernach in **Biberbach** rechts auf die Ortsdurchfahrtsstraße links wieder ab und auf dem Radweg nach **Markt** beim Gasthof nach rechts am Ende des Ortes links ab durch **Kühlental** nach **Blankenburg** dort links und an der Kreuzung rechts an der nächsten Kreuzung geradeaus Richtung **Holzen**.

🏛 **Staatsgalerie in der Katharinenkirche**, Maximilianstr. 46, 📞 510350 Die 1835 in der Katharinenkirche eingerichtete Galerie gilt als älteste Filialgalerie der Bayerischen Staatsgemäldesammlungen. Vor allem Albrecht Dürers Porträt von Jakob Fugger dem Reichen und die weltberühmte Bilderfolge der römischen Basiliken von Holbein d. Ä. stehen im Mittelpunkt der Sammlung altdeutscher Malerei. Eingang Schaezlerpalais. @ mjr838

🚩 **Hoher Dom**, Frauentorstr. 1. Romanisch-gotisches Bauwerk aus dem 11.-15. Jh.

✺ **Fronhof**. Residenz und Hofgarten, ehemaliger Sitz der Bischöfe von Augsburg, erbaut um 1700. Der Mitte des 18. Jhs. angelegte Hofgarten verbindet Dom und Residenz.

- ✿ **Fuggerei**, Jakobspl. ⓡ Älteste Sozialsiedlung der Welt, 1523 fertiggestellt, mit Fuggereimuseum. @ qrw342
- ✿ **Fuggerstadtpalast**, Maximilianstr. 36-38. Sitz der Fugger, einer deutschen Kaufmannsfamilie, die im 15. und 16. Jh. durch die Fuggersche Handelsgesellschaft Weltgeltung erlangte.
- ✿ **Rathaus**, Rathauspl. 2. Kunstwerk der deutschen Renaissance, von Elias Holl in den Jahren 1615-20 erstellt, prachtvoller Goldener Saal.
- ✿ **Weberhaus**, Moritzpl. 2 ⓘ Zunfthaus der Weber aus dem Jahr 1389 mit modernen Fresken.
- ✉ **Bärenkeller Bad**, Oberer Schleisweg 15, ✆ 3249840, @ ncu126
- ✉ **Familienbad**, Schwimmschulstr. 5, ✆ 3249853, @ xcn422
- ✉ **Lechhauser Bad**, Lechhauser Str. 34, ✆ 3249792, @ ylx387
- ✉🖥 **Spickelbad Fribbe**, Siebentischstr. 4, ✆ 324-9832
- 🖥 **Hallenbad Haunstetten**, Karl-Rommel-Weg 11, ✆ 324-9794, @ sgn731
- 🖥 **Stadtbad**, Leonhardsberg 15, ✆ 324-9779, @ bjt185

Wenn Sie eine Stadtrundfahrt im alten Handwerkerviertel der Jakobervorstadt beginnen, so stoßen Sie linker Hand auf eine gelb getünchte Siedlung, die Sie im Namen der Fugger im historischen Augsburg willkommen heißt, die Fuggerei. Wie in einem eigenen kleinen Dorf fühlt man sich da zwischen den kleinen Reihenhäusern und den herzig angelegten Gärtchen, in der ersten und ältesten Sozialsiedlung der

Rathaus mit Augustusbrunnen

Welt. In den Jahren 1516-23 ließ Jakob Fugger der Reiche diese Wohnsiedlung für bedürftige Bürger errichten. Arme Bürger konnten hier für eine jährliche Miete von einem Rheinischen Florin (heute € 0,88) ihren Lebensabend ver-

bringen. Dieser Segen war jedoch beschränkt auf jene Bedürftigen, die dem katholischen Glauben anhingen.

Auf der anderen Straßenseite der Barfüßerstraße liegt die Straße Auf dem Rain, die Gasse, in der Bertolt Brecht seine Jugendjahre verbrachte. Am 10. Februar 1898 wurde der spätere Schriftsteller und Regisseur hier geboren. Anhand von Dokumenten seiner Jugendzeit können Sie sich genauer über den Mann informieren, der fast alle deutschsprachigen Schüler schon öfters geplagt oder erfreut hat. Von „Das Leben des Galilei" zur „Mutter Courage" bis „Der gute Mensch von Sezuan" oder auch die „Dreigroschenoper", alle seine Werke handeln von jenen Themen, die sich mit menschlicher Freiheit, sozialer Gerechtigkeit, dem Glücksverlangen des Einzelnen und der Notwendigkeit des Opfers beschäftigen und mit deren Unvereinbarkeit untereinander.

Vom Jakoberviertel aus schleichen Sie sich sozusagen von hinten an das Rathaus und den Perlachturm an. Der 70 Meter hohe Stadtturm sowie das meisterhafte Renaissancebauwerk wurden im 17. Jahrhundert von Elias Holl errichtet und bilden den Mittelpunkt der alten Straßenachse, die sich von der Maximilianstraße über die Karolinenstraße bis zum Dom hin erstreckt. Fast genau in der Mitte zwischen Fuggerstadtpalast und Hohem Dom, dem weltlichen und dem geistlichen Pol, ragen die Zwiebeltürme des Rathauses hervor. Mit der prachtvollen Innenausstattung in venezianischem Stil und mit dem Goldenen Saal bezeugten die Augsburger Bürger von damals ihren Reichtum.

Fuggerei

AndersRum (Karte 27): Am **Ulrichsplatz** wiederum rechts ↝ dann immerzu geradeaus ↝ an der Kreuzung mit der **Thommstraße** nach rechts ↝ den Lech überqueren ↝ links in die **Dr.-Otto-Meyer-Straße** ↝ links über die **Leipziger Straße** wieder zum Ufer des Lech ↝ rechts am Fluss entlang ↝ bei **Gersthofen** wieder links über den Lech und etwa 7,5 km geradeaus nach **Langweid**.

Auf der Maximilianstraße nach rechts hinunter erwartet Sie schon das Weberhaus und ein paar Pedaltritte weiter der Fuggerstadtpalast. Der baufreudige Jakob Fugger der Reiche errichtete in den Jahren 1511-15 dieses prachtvolle Gebäude mit seinen reichen Innenhöfen und schaffte somit den Schauplatz für ein Finanzimperium der mittelalterlichen Welt, für die Fuggersche Handelsgesellschaft.

Die Geschichte dieser Handelsgesellschaft begann mit der Einwanderung des Webers Hans Fugger nach Augsburg im Jahre 1367.

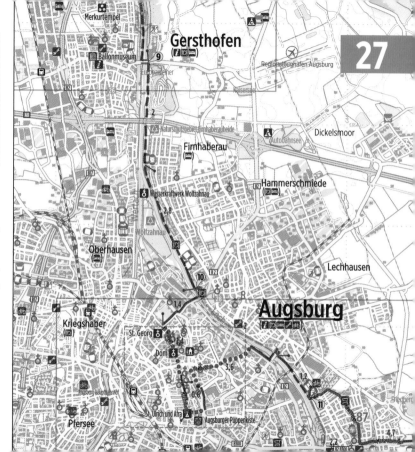

27

Goldener Saal

Schon die nächste Generation hatte soviel Anerkennung und Reichtum erlangt, dass sie als ratsfähig galt. Noch heute besteht die Linie der „Fugger von der Lilie", die von Jakob dem Älteren im 15. Jahrhundert begründet wurde und die bald zu den reichsten Familien Europas gehörte.

Wenn Sie die Maximilianstraße über die Karolinenstraße bis zum Hohen Weg nach Norden fahren, gelangen Sie zur geistlichen Seite der Stadt, dem Hohen Dom. An dieser Stelle sind die ältesten Siedlungsspuren gefunden worden, die bis auf die Römer zurückgehen. Um die Jahrtausendwende ließ Kaiser Tiberius die Zivilstadt Augusta Vindelica gründen, die bis ins 6. Jahrhundert hinein Hauptstadt der Provinz Raetien war. Auf dieser geschützten Lage zwischen den Flüssen Wertach und Lech begann sich im 8. Jahrhundert die mittelalterliche Siedlung herauszubilden. 807 wurde an diesem Fleck erstmals eine Kirche geweiht, dessen romanischer Kern, eine dreischiffige Pfeilerbasilika, im 11. Jahrhundert entstand, der dann im 14. Jahrhundert in weiten Teilen gotisiert wurde.

Auf das 11. Jahrhundert geht außerdem die Vergabe des Markt- und Münzrechtes zurück, zu Beginn des 12. Jahrhunderts kam dann noch das Stadtrecht hinzu. Gemeinsam mit dem Stadtrecht grenzte Kaiser Friedrich I. Barbarossa die Rechte von Bischof und Bürgern gegeneinander ab. 100 Jahre später wurde der Stadt dann auch noch die Reichsfreiheit zugesichert.

Mit den Fuggern gelangte großer Reichtum in die Stadt, wovon auch die Künste sowie die Wissenschaft profitierten. Künstler wie die Holbeins, die Burgkmairs, Elias Holl oder auch Albrecht Dürer tummelten sich in der blühenden wohlhabenden Stadt. Im 16. Jahrhundert konnte Martin Luther die Stadt für die Reformation gewinnen, was auch für Augsburg schicksalsträchtig war. Durch den Schmalkaldischen und den Dreißigjährigen Krieg verlor die Stadt viel von ihrem Glanz und ihrem Reichtum und noch dazu ihre Unabhängigkeit. 1806 fiel Augsburg ans Bayerische Königreich.

In den westlichen Wäldern von Augsburg

Schwabens einziger **Naturpark „Augsburg-Westliche Wälder"** liegt in einer abwechslungsreichen Landschaft zwischen der Donau und dem Alpenvorland und ist geprägt von den eiszeitlichen Geschehnissen. Drei große Bereiche lassen sich im Naturpark abgrenzen: Die „Stauden" im Süden sind durch sanft bewaldete Hügel und herrliche Bachtäler charakterisiert. Im Zentrum des Naturparks tut sich ein weiter Talkessel auf, die Reischenau. Nördlich davon grenzt der Holzwinkel an, eine waldreiche Hügellandschaft, die sich zu beiden Seiten des Zusamtales erstreckt. Zu erwähnen ist auch noch der „Rauhe Forst", eine große zusammenhängende Waldlandschaft nordöstlich der Stauden.

Von besonderer Anziehungskraft ist der Reichtum an kulturhistorisch interessanten Baudenkmälern. Aufgrund der bewegten Geschichte des Gebietes findet man zahlreiche Zeugnisse verschiedenster Kulturen, meist keltischen und römischen Ursprungs. Noch eindrucksvoller sind die Schlösser der letzten Jahrhunderte, die vor allem von den reichen Fuggern erbaut wurden. Nicht weniger sehenswert sind die kirchlichen Bauten, an denen Meister wie Dominikus Zimmermann und Elias Holl gewirkt haben. Das Kloster Oberschönenfeld im Schwarzachtal sei besonders hervorgehoben.

Entstanden ist der Naturpark im Jahre 1974, als der Verein für die Erhaltung des Parks gegründet wurde. Die Ziele dieses Vereins sind hoch gesteckt: Das Gebiet des Naturparks soll unter Erhaltung der natürlichen Gegebenheiten zu einem großräumigen Erholungsgebiet für die Allgemeinheit erschlossen werden. Das Landschaftsbild ist somit zu erhalten, Schäden sind zu verhindern oder zu beheben, die Tier- und

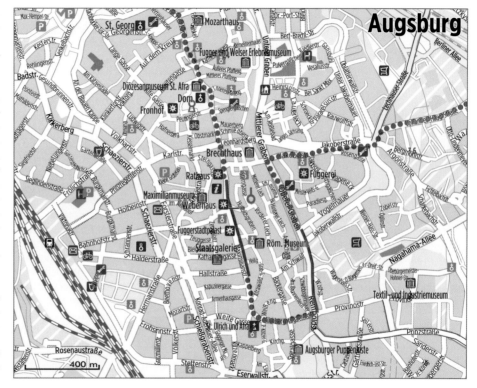

Westliche Wälder, Naturpark Augsburg

Pflanzenwelt ist zu schützen und Erholungseinrichtungen sind zu schaffen.

Zu diesen Erholungseinrichtungen gehören vor allem ein ausgedehntes Wanderwegenetz, ein gut ausgebautes Netz an beschilderten Radwegen, Waldlehrpfade und ein Museum, das Naturparkhaus.

Von Augsburg nach Prittriching　　30,8 km

Weiter über den **Hohen Weg** und die **Karolinenstraße** bis zur Kirche **St. Ulrich** ～ links in die Straße **Milchberg** bis zum **Schwibbogenplatz**

～ links auf den Radweg parallel zur Straße ～ rechts in die **Jakoberstraße** ～ am **Jakobertorplatz** links halten ～ danach rechts in die **Johannes-Haag-Straße** ～ an der Kreuzung mit der **Berliner Allee** rechts auf den Radweg ～ nach Überquerung des Lechs rechts halten entlang des Flusses ～ **11** danach links in die **Schöneckstraße**.

Wer möchte, kann hier auch weiter entlang des Lechs radeln und die Strecke etwas abkürzen.

Weiter in die **Karwendelstraße** ～ daraufhin links in die **Grüntenstraße** ～ diese geradeaus fahren ～ in die Sackgasse, die für Radfahrer freigegeben ist ～ weiter in der **Maria-Alber-Straße** ～ im Linksbogen der Straße rechts ab zur Wallfahrtskapelle Maria Alber ～ geradeaus weiter auf dem Radweg parallel zur **Augsburger Straße**, dann auf dem straßenbegleitenden Radweg ～ danach geradeaus weiter und dem nach rechts abbiegenden Radweg folgen ～ am Einrichtungshaus Segmüller vorbei und geradeaus der **Augsburger Straße** entlang ～ dem Straßenverlauf steil bergauf ins Stadtzentrum folgen.

Friedberg

Vorwahl: 0821

🛈 **Touristinformation**, Marienpl. 5, ✆ 6002451, @ gkq622

🏛6 **Museum im Wittelsbacher Schloss**, Schlossstr. 21, ✆ 6002681

　🕭 Zum Schutz der bayerischen Zollstation an der Grenze zu Augsburg wurde das Schloss Mitte des 13. Jhs. von dem Wittelsbacher Herzog Ludwig II. gegründet. Ihr heutiges Aussehen erhielt die Anlage großteils zur Zeit der Renaissance. Im neu gestalteten Museum werden die Schätze der einstigen Uhrmacherstadt Friedberg präsentiert. Ferner sind Objekte zur Stadtgeschichte, Fayencen, archäologische Funde sowie sakrale und moderne Kunst zu sehen. Mitmachstationen, Medienangebote sowie das neue Museumscafé machen den Besuch zu einem Erlebnis für alle Sinne. @ lxq442

⛪ **Pallottikirche**, Vinzenz-Pallotti-Str. 14. Die 1955 erbaute Kirche wurde 2003 umgestaltet. Eine Gedenktafel erinnert an den Pallottinerpater Franz Reinisch, der als einziger Priester den Fahneneid auf Hitler verweigerte und daraufhin in Brandenburg-Görden ermordet wurde.

AndersRum (Karte 28): Nach den rund 5 km aus dem Wald heraus, dann links ⌇ rechts in die **Siebenbrunner Straße** ⌇ durch **Siebenbrunn** ⌇ im **Siebentischwald** an der Kreuzung rechts ⌇ den Lech nach rechts hin überqueren ⌇ am **Kuhsee** entlang und dann links ⌇ in **Augsburg** auf die **Mittenwalder Straße** ⌇ über die **Garmischer Straße** rechts in die **Zedlitzstraße** ⌇ die **B 2** überqueren ⌇ auf dem Radweg nach **Friedberg** ⌇ über einen Waldweg in den **Hagelmühlweg** ⌇ links in die Straße **Am Bierweg** ⌇ geradeaus und über Gleise ⌇ an der Hauptstraße links ⌇ nach der Kirche rechts und wieder links ⌇ es geht steil bergab ⌇ die **Afrastraße** kreuzen ⌇ über die **Maria-Alber-Straße** und die **Grüntenstraße** nach **Hochzoll** ⌇ rechts in die **Karwendelstraße** ⌇ weiter in der **Schöneckstraße** ⌇ am Ende der **Schöneckstraße** rechts ⌇ den Lech entlangfahren, ihn nach links hin überqueren und auf den Radweg an der **Berliner Allee** ⌇ links in die **Johannes-Haag-Straße** ⌇ über den **Jakobertorplatz** in die **Jakoberstraße** ⌇ links in den **Oberen Graben** dann weiter auf der **Forsterstraße** ⌇ rechts in die Margaretenstraße und geradeaus weiter zum **Ulrichsplatz**.

🔒 **St. Jakob**, Pfarrstr. Die neuromanische Kirche von 1871/72 prägt mit ihrem markanten Turm die Skyline der Stadt. Der Turm der Vorgängerkirche war 1868 zusammengebrochen, nachdem man größere Glocken installiert hatte.

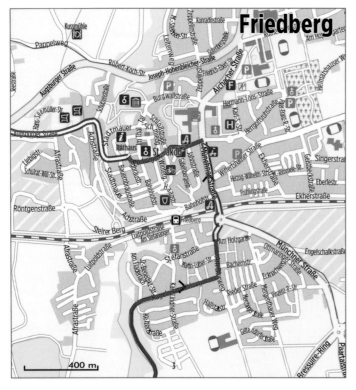

28

Friedberg

St. Afra im Felde, Afrastr. An diesem Ort soll angeblich die Heilige Afra von Augsburg im Jahr 304 n. Chr. den Märtyrertod gestorben sein. Die heutige Kirche wurde 1712 geweiht und kann auf Anfrage besichtigt werden.

Wallfahrtskirche Herrgottsruh, Herrgottsruhstr. 29, am östlichen Stadtrand, ✆ 601511 @ Die zwischen 1731 und 1753 erbaute Kirche zählt zu den schönsten Rokokokirchen Bayerns. Vor allem die Werke namhafter Künstler wie Cosmas Damian Asam, der die gleichnamige Kirche in München gestaltete, oder der Augsburger Freskenmaler Matthäus Günther lassen ein stimmiges Gesamtbild von Architektur, Malerei und Plastik entstehen. @ rus348

Mittelalterliche Stadtbefestigung. Großteils wurde die ehemalige Stadtbefestigung zerstört, beim alten Wasserturm jedoch ist der Rest eines Wehrganges zu besichtigen.

Rathaus, Marienpl. 1. Das Rathaus im Stil der Renaissance wurde 1680 von einem Schüler des Augsburger Baumeisters Elias Holl geschaffen.

Oben angelangt, in der Rechtskurve der Hauptstraße geradeaus weiter ⌇ vor der Kirche rechts und an der Hauptstraße links ⌇ an der großen Kreuzung mit der **Münchner Straße** rechts auf den Radweg ⌇ auf einer Brücke über die Bahngleise und dann am Kreisverkehr geradeaus in die **Stephanstraße** ⌇ weiterhin geradeaus in die Straße **Am Bierweg** ⌇ dann rechts in den **Hagelmühlweg** ⌇ auf einem Waldweg bergab ins Tal ⌇ nach einer Brücke rechts und wieder links.

An der Vorfahrtsstraße links auf den Radweg ⌇ die Hauptstraße beschreibt dann einen Rechtsbogen, Sie fahren hier geradeaus an der Wallfahrtskirche St. Afra vorüber ⌇ weiter auf dem Radweg bis zur Ampelanlage an der Bundesstraße, die Sie überqueren ⌇ rechts auf den linksseitigen Radweg der **B 2** ⌇ links in die **Zedlitzstraße** ⌇ an der **Garmischer Straße** links ⌇ nach einem Rechtsbogen weiter auf der **Mittenwalder Straße** ⌇

Sie befinden sich hier wieder in Augsburg.

Augsburg-Hochzoll (Augsburg)

Der Radweg führt Sie bis an den **Kuhsee** ~ am See rechts ~ an der Schleuse links über den Lech ~ am anderen Ufer links in den **Siebentischwald** hinein ~ mittendrin an einer Kreuzung links halten ~ durch den Wald gelangen Sie nach **Siebenbrunn** ~ an der Schranke vorbei und auf der normalen Straße, der **Siebenbrunner Straße** gerade weiter ~ **12** an der **Krankenhausstraße** links ~ die Straße wird zum asphaltierten Forstweg ~ nach 300 m rechts ~ **13** bei der **Staustufe 23**, dem Mandichosee, kommen Sie aus dem Wald wieder hinaus und überqueren die Straße.

Mandichosee

Mal am Damm, mal im Wald fahren Sie weiter zur nächsten Staustufe

~ hier folgen Sie der asphaltierten Straße auf das Wehr der **22. Staustufe** ~ wenn Sie vom Wehr heruntergerollt sind, geht es links bis zu den Koppeln weiter ~ dort rechts ~ 3 km lang geht's schnurgerade dahin, dann **14** schwenken Sie links und erreichen die Ortschaft Prittriching.

Prittriching

Von Prittriching
nach Landsberg am Lech 20,7 km

Im Rechtsbogen vor der Ortschaft biegen Sie rechts ab und fahren dann geradeaus ~ die **Bürgermeister-Franz-Bitsch-Straße** queren ~ weiter auf **Angerstraße** ~ an der Vorfahrtsstraße rechts

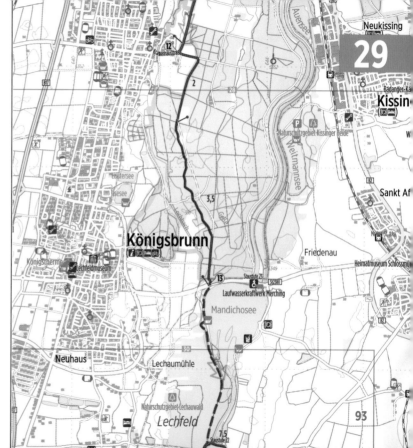

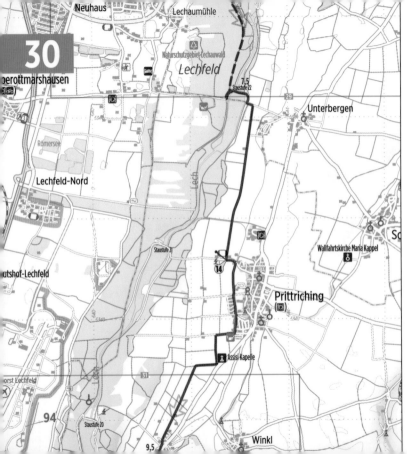

AndersRum (Karte 29 und 30): Durch **Scheuring** auf der **Lechstraße** und der **Bachstraße** ⮑ knappe 2 km nach der Ortschaft nach rechts ⮑ an der Vorfahrtsstraße links ⮑ an der nächsten wieder rechts und am Ortsbeginn von **Prittriching** links ⮑ rechts in die **Bürgermeister-Franz-Bitsch-Straße** ⮑ links in die Hauptstraße und dieser folgen ⮑ nach dem Ortsende rechts abbiegen und geradeaus ⮑ links auf das Wehr der **22. Staustufe** ⮑ danach rechts ⮑ bei der **Staustufe 23** die Straße geradeaus überqueren und dem Straßenverlauf durch den Wald für etwa 5 km geradeaus folgen.

⮑ am **Bad** vorbei ⮑ 300 m nach dem Freibad geht es links, nach weiteren 600 m, vor der Assisi Kapelle, nach rechts ⮑ weitere 400 m später gleich nochmal links ⮑ nun radeln Sie wieder schnurgerade durch eine weite, ebene Ackerflur auf Scheuring zu ⮑ **15** zu Ortsbeginn rechts auf die Ortsdurchfahrtsstraße.

Scheuring

Rechts in die **Poststraße** ⮑ am Ende links in die **Angerstraße** ⮑ an der nächsten Querstraße rechts in die **Waldstraße** ⮑ danach links halten ⮑ Sie verlassen Scheuring auf der **Erlenstraße** ⮑ vor dem Waldrestaurant, dem **Zollhaus** am Lech, rechts einbiegen und unter der Bundesstraße hindurch ⮑ an der Staustufe links und dann gleich wieder rechts dem Weg, an der Uferlinie des Lechstausees entlang. Mit Ausblick auf die weite Wasserfläche, den **Lechstausee - Staustufe 19**, radeln Sie am Ufer dahin und gelangen in ein waldiges Gebiet. Der Waldweg führt Sie zu einer Kreuzung, an der Sie die Beschilderung nach links weist ⮑ folgen die dem Weg bis zum Biergarten des Oskar-Weinert-Hauses ⮑ beim Haus oben geht die Route rechtsherum weiter.

31

AUSFLUG Falls Sie jedoch der Burgruine Haltenberg einen Besuch abstatten wollen, müssen Sie sich nach links wenden. Hier oben, am Hochufer des Lechs, treffen Sie auf den **Vor- und Frühgeschichte-Weg,** auf dem Sie in regelmäßigen Abständen von Informationstafeln über die geschichtlichen Begebenheiten der Gegend aufgeklärt werden.

Ein schöner dichter Fichtenwald gibt Ihnen nun das Geleit ⌇ Sie halten sich am Ende des Waldes rechts und radeln immer in der Nähe des Abhanges zum Fluss hinunter ⌇ der Wiesenweg führt Sie an dem kleinen Jagdschloss vorüber ⌇ sobald der Weg wieder befestigt ist, senkt er sich ins Tal hinab, und Sie erreichen die ersten Häuser von Kaufering ⌇ weiter bis ins Ortszentrum.

Kaufering

Der Hauptstraße weiter durch Kaufering folgen ⌇ **16** über die Lechbrücke und unmittelbar danach in einer Rechtskurve unter der

Brücke hindurch ⌇ etwa 100 m nach der Eisenbahnbrücke nimmt Sie ein unbefestigter, gesandeter Radweg auf und führt Sie durch die Lechaue.

VARIANTE Möchten Sie die gesandete Strecke allerdings nicht fahren, folgen Sie dem befestigten Radweg vorbei am Wertstoffhof, biegen an der verkehrsreichen Straße links ab und fahren auf dieser bis ins Zentrum von Landsberg.

Der Weg entfernt sich ein wenig vom Flusslauf, führt durch einen schattigen Kiefernwald, der Waldboden ist über und über mit grünen, samtigen Moosen überzogen ⌇ Sie nähern sich dem Lech bald wieder, denn Sie haben praktisch nur eine Linkswindung des Flusses auf geradem Wege abgeschnitten ⌇ ganz schmal windet sich der Weg nun zwischen dem Lech und dem Wald dahin, schlängelt sich an einer Kläranlage vorbei und unter der Autobahn hindurch.

Sie gelangen an eine Holzbrücke, die einen kleinen Bach quert und

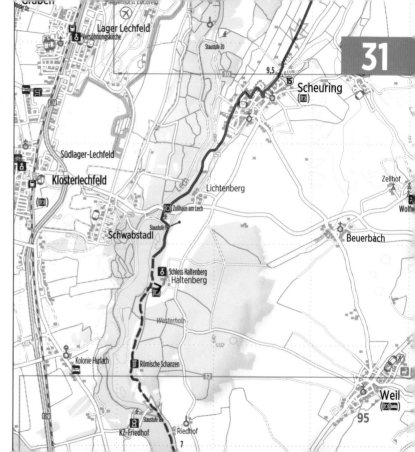

Landsberg am Lech

der sich in den grünfarbenen Lech ergießt 〰 an einer größeren Brücke überqueren Sie den Lech nochmals und radeln in die historische und romantische Altstadt hinein.

Landsberg am Lech
Vorwahl: 08191

Tourist-Information, Hauptpl. 152, im Rathaus, ℰ 128246, ℰ 128245, @ stp556

Historisches Schuhmuseum, Vorderer Anger 274, ℰ 42296 ☺ ℭ Thema: Schuhe aus 8. Jh. und von vielen Prominenten, @ luq231

Mutterturm und Herkomermuseum, Von-Kühlmann-Str. 2, ℰ 128251 🖿 1884 wurde von Hubert von Herkomer zu Ehren seiner Mutter ein Turm im Stil eines normannischen Bergfrieds erbaut. Im Nachbargebäude befindet sich ein Museum über den, vor allem in England sehr erfolgreichen, Maler und Graphiker Hubert von Herkomer. @ hxf865

Neues Stadtmuseum, Von-Helfensteing. 426, ℰ 128360 🖿 Dauerausstellung zur Stadtgeschichte und wechselnde Sonderausstellungen. @ ved581

Stadtpfarrkirche, Ludwigstr. 167. Im 15. Jh. wurde die ursprüngliche Kirche im gotischen Stil umgebaut und erweitert. Ab dem 17. Jh. erfuhr die imposante dreischiffige Pfeilerbasilika eine zunehmende Barockisierung, v. a. im Zuge der Kapellen- und Altarumgestaltungen. @ faa387

Klosterkirche, Münchener Str. 11. Ursulinenkloster mit Klosterkirche Zur Hl. Dreifaltigkeit. @ vam863

Lechstufen, Landsberg am Lech

- 🏛 **Schmalzturm**, Am Hauptpl.
- ✳ **Bayertor**, Alte Bergstr. 448 ⬤ Spätgotische Toranlage von 1425. Von den Zinnen des Turmes bietet sich ein lohnender Ausblick auf die Altstadt und das Lechtal bis hin zu den Alpen.
- ✳ **Historisches Rathaus**. Fassade von Dominikus Zimmermann von 1719. Besichtigung des Rathauses gegen geringen Eintritt, oder im Zuge einer Stadtführung. Nähere Informationen in der Tourist-Information.

Bewundernswert ist das gut erhaltene historische Stadtbild von Landsberg. Wenn Sie sich am Hauptplatz des Städtchens befinden und sich einmal um die eigene Achse drehen, dann sticht, mal ganz abgesehen von den farbenfrohen Häuserzeilen, der Schmalzturm sofort ins Auge. Das Bauwerk mit den leuchtenden Ziegeln auf seinem Haupt wird auch der „Schöne Turm" genannt.
Als weiterer Blickfang des Platzes stellt sich Ihnen die reichlich ver-

AndersRum (Karte 31 und 32): Für Route nach Kaufering in Landsberg vom **Hauptplatz** aus in die **Ludwig-Straße** ～ über die **Sandauer Brücke** und dann rechts entlang des Lechs ～ unter der Autobahn hindurch ～ entlang des Flusses nach **Kaufering** ～ auf der Brücke rechts über den Lech ～ am **Brückenring** links und aus der Ortschaft hinaus ～ auf einem unbefestigten Radweg weiter ～ an der größeren Straße links und beim **Zollhaus** wieder rechts nach **Scheuring**.

zierte Fassade des Rathauses vor, dessen Verzierungen von einem berühmten Manne stammen, einem einstigen Ratsherrn und Bürgermeister Landsbergs, der gleichzeitig als großer Künstler tätig war und das gesamte Stadtbild mit seinen Werken geprägt hat: Dominikus Zimmermann. Sein berühmtestes Werk zieht jährlich tausende Besucher an, er hat die Kirche mitten in die Wiese gebaut, weswegen sie auch die „Wies" genannt wird.

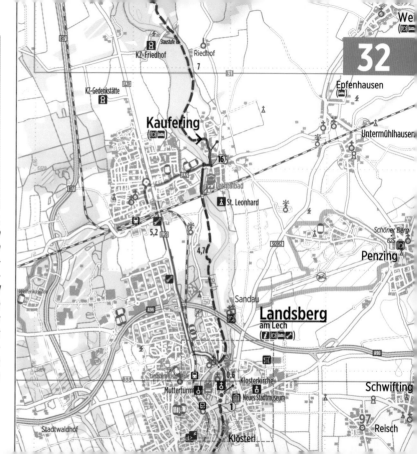

97

Von Landsberg nach Füssen

Im vierten und letzten Abschnitt tauchen Sie hinter Landsberg am Lech in den Pfaffenwinkel ein, dessen Name sich von der etwas saloppen Bezeichnung für „Pfarrer" ableitet. Zahlreiche Kirchen und Klöster im bayrischen Barock- und Rokokostil durchziehen die liebliche Landschaft, stolz ragen die Zwiebeltürme in den weiß-blauen Himmel. Das berühmteste all dieser Gotteshäuser ist die Wieskirche, an der die Romantische Straße direkt vorbeiführt. Die Landschaft verändert sich, das platte Land des Lechfelds geht langsam in das hügelige Voralpenland über, das Ackerland verschwindet allmählich und grünes Weideland prägt zunehmend das Landschaftsbild.

Sie radeln durch die hügelige Moränenlandschaft immer näher an die Alpen heran. Am Fuße der märchenhaften Königsschlösser können Sie am Ende Ihrer Reise einen Ausflug um den Forggensee unternehmen.

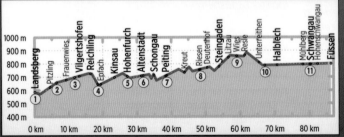

AndersRum (Karte 33 und 34): Von **Reichling** kommend in **Vilgertshofen** zweimal nach links ∼ durch **Stadl** geht es weiter nach **Stoffen** ∼ hier links von der Hauptstraße weg und nach **Pitzling** ∼ rechts halten und am Ufer des Lech nach **Landsberg** ∼ über die Gasse **Klösterl** gelangen Sie zum **Hauptplatz**.

Von Landsberg nach Altenstadt   31,7 km

Vom Hauptplatz aus radeln Sie nach Süden auf die **Karolinenbrücke** zu, **1** biegen aber noch davor in ein kleines Gässchen namens **Klösterl** ab ∼ durch das Gelände eines **Wildparks**, das sich südlich der Stadt entlang des Lechs erstreckt, geht's dahin.

ACHTUNG Achten Sie bitte genau auf die Markierung da hier auch der Wanderweg mit steileren Steigungen und Treppen durch das Gelände führt.

Alsbald finden Sie sich am Lech wieder ∼ der schattige Waldweg bringt Sie auf Ihrem Weg nach Pitzling zur Teufelsküche, einem freundlichen Café.

Pitzling (Landsberg am Lech)

Bei der Kirche in Pitzling folgen Sie der **Stoffener Straße**, Sie halten sich immer links ∼ das Tal des Lech verlassen ∼ weiter auf eine

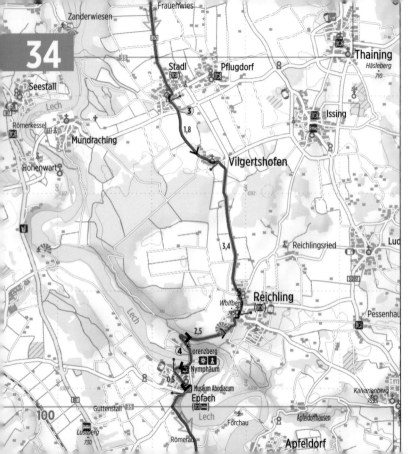

Hochebene hinauf ⌇ **2** in Stoffen rechts auf die Hauptstraße.

Stoffen (Pürgen)

Am Ortsende von Stoffen tauchen Sie dann in das sanfte Hügelland mit seinem Fleckerlteppich aus Feldern, Wäldern und Wiesen ein ⌇ wenn Sie den Wald hinter sich gelassen haben, steuern Sie direkt auf **Stadl** zu und folgen im Ort der Beschilderung rechtsherum nach **Mundraching** ⌇ am Ortsende beachten Sie die Schilder nach Mundraching nicht mehr und radeln **3** geradeaus über die Kreuzung weiter nach Vilgertshofen.

Vilgertshofen (Landsberg am Lech)

Bei der Kirche von Vilgertshofen rechts Richtung Reichling ⌇ gleich danach noch einmal rechts, immer tiefer in den bayerischen Pfaffenwinkel hinein.

Reichling

Auch in Reichling steuern Sie auf die in Weiß-Rot gehaltene Kirche zu ⌇ sie radeln an ihr vorbei und folgen der Straße nach Schongau und Epfach.

ACHTUNG Gleich hinter Reichling brausen Sie ins Lechtal hinunter, aber geben Sie Acht, denn die Straße weist ein Gefälle von 13% und enge Haarnadelkurven auf, daher sind Vorsicht und gute Bremsen geboten.

4 Über den Lech führt eine Brücke nach Epfach ⌇ nach der Steigung gelangen Sie an die **Via Claudia**, in die Sie links einbiegen, in Richtung Schongau und Hohenfurch.

Epfach (Denklingen)

Vorwahl: 08869

🛈 **Gemeinde Denklingen**, Hauptstr. 23, Denklingen, ✆ 96010, @ ppl746

🏛 **Museum Abodiacum**, Via Claudia 16, ✆ 08243/9601-0 ⑦ₐ Hier können Sie sich über die 2.000-jährige Geschichte von Epfach informieren. Infos über das Museum erhalten Sie bei der Gemeinde Denklingen.

✹🅻 **Lorenzberg mit Lorenzkapelle** ⑦ₐ Mit einem freigelegten, vermutlich römischen Brunnen. Der Lorenzberg diente den Römern einst als Militärstützpunkt. @ gmx557

AndersRum (Karte 35): Ab **Altenstadt** nehmen Sie dort vom **Köllenweg** kommend die **Sonnenstraße** nach rechts ∿ an der Vorfahrtsstraße links und dann wieder rechts ∿ der Straße folgen ∿ auf einem unbefestigten Weg die Gleise überqueren und nach **Hohenfurch** ∿ über die **Raiffeisenstraße** und die **Hoheneckstraße** in die **Lechstraße** und die Ortschaft verlassen ∿ weiter nach **Kinsau** ∿ dort die Bahnhofstraße links versetzt überqueren und über **Epfach** und den Lech nach **Reichling**.

✴ **Nymphäum** 🏛 Römisches Brunnenhaus (neben dem Feuerwehrhaus)

Um die Tour fortzusetzen, müssen Sie wieder das Hochufer anstreben, was etwas konditionsraubend ist ∿ wenn Sie die Höhe erklommen haben, weisen Sie die Schilder in Richtung Kinsau nach links ∿ in Kinsau links in die **Bahnhofsstraße**, um Sie sogleich wieder nach rechts zu verlassen.

Kinsau

Die asphaltierte **Hohenfurcher Straße**, umrahmt und begleitet von saftigem Weideland, nimmt Sie mit sich und führt Sie mit einigen Schlenkern auf Hohenfurch zu ∿ Sie rollen nach Hohenfurch hinunter und wenden sich an der **Lechstraße** nach rechts.

Schongau

Hohenfurch

Vorwahl: 08861

ℹ️ **Tourismus-Information**, Hauptpl. 7, ☎ 9081798, @ rxt666

🏛️ **Pfarrkirche Maria Himmelfahrt**, Kirchberg 1. Eine der schönsten barocken Kirchen des Pfaffenwinkels.

🏛️ **St. Ursula Flößerkapelle**. In der spätgotischen Kapelle dankten die heimkehrenden Lechflößer, dass sie gut von den Holztransporten heimgekommen waren, die sie vom Lech, der Donau entlang, ans Schwarze Meer führten.

5 An der Straßengabelung rechts in die **Hoheneggstraße** ∿ nach der Unterführung wenden Sie sich links ∿ beim Rathaus halten Sie sich rechts und biegen gleich wieder links ab, um den Schönach zu überqueren ∿ rechts in die **Raiffeisenstraße** ∿ nun immer entlang des Flüsschens Schönach ∿ nach den Bahngleisen links auf den unbefestigten Weg ∿ Sie bleiben immer geradeaus und kommen dann wieder auf eine Asphaltstraße ∿ an der Vorfahrtsstraße geradeaus auf die **Nördliche Römerstraße** ∿ an der nächsten Vorfahrtsstraße links und gleich wieder rechts in die **Sonnenstraße**.

Altenstadt

Vorwahl: 08861

ℹ️ **Gemeinde Altenstadt**, Marienpl. 2, ☎ 2300-0, @ hma486

🏊 **Freibad**, Am Weidach 2, ☎ 8824, @ xje411

Die romanische Basilika St. Michael gilt als besondere Rarität. Die im 12. Jahrhundert erbaute Kirche ist die einzige ursprünglich erhaltene romanische Gewölbebasilika, an der die auf ganz Süddeutschland überschwappende Barockisierung still und heimlich vorübergegangen ist. Grund hierfür war wohl die Tatsache, dass viele Bürger, als der Lech im späten Mittelalter für die Flößerei genutzt wurde, näher zum Lech umsiedelten und eine Stadt gründeten, die heute den Namen Schongau trägt. Das rettete die Kirche als einzige vor den goldenen Verschnörkelungen des Barock.

Von Altenstadt nach Peiting 7 km

6 Links geht es in den **Köllenweg** ∿ an der Vorfahrtsstraße rechts ∿ mit schönem Blick auf Schongau fahren Sie auf die **B 472**, die **Marktoberdorfer Straße** zu ∿ links einbiegen ∿ den Berg hinunter und rechts Richtung **Lechsporthalle** und **Stadion** ∿ dann gleich wieder links in die Einbahnstraße ∿ geradeaus auf einer Anliegerstraße sehr steil hinauf in die Stadtmitte ∿ oben angelangt wenden Sie sich rechts ∿ es folgt dann auf der **Lechtorstraße**

AndersRum (Karte 36): In **Peiting** von der B 17 kommend links auf den Radweg und auf diesem bis **Schongau** der Ausschilderung durch den Ort folgen ～ nach der Kirche rechts und nach **Altenstadt**.

ein Linksbogen, linker Hand liegt das Zentrum von Schongau.

Schongau
Vorwahl: 08861

🛈 **Tourismusverband Pfaffenwinkel**, Bauerng. 5, ✆ 2113200, @ fek633

🛈 **Tourist-Information Schongau**, Münzstr. 1-3, ✆ 214181, @ gru775

🏛 **Stadtmuseum**, Christophstr. 55-57, ✆ 254605 ⊖ Das Museum ist in der ehemaligen Spitalskirche St. Erasmus untergebracht. Neben einer Ausstellung zur Stadtgeschichte gibt es auch sakrale Kunst und ein Münzkabinett zu sehen. @ xym652

⛪ **Stadtpfarrkirche Mariae Himmelfahrt**, ✆ 71712. Die in der Mitte des 18. Jhs. erbaute Barockkirche ist mit Stuck von Wiesbaumeister Domenikus Zimmermann ausgestattet. Außerdem sind auch Werke von F. A. Wassermann, M. Günther und F. X. Schmädl zu betrachten.

🏰 **Wallfahrtskapelle Heilig-Kreuz**, Am Maxtor 7. Der barocke Zentralbau wurde 1693 von Johann Schmuzer geschaffen, sein Sohn Joseph hat ihn rund 30 Jahre später erweitert. Im Inneren ist eine bedeutende Sammlung an Votivbildern zu sehen. @ iym473

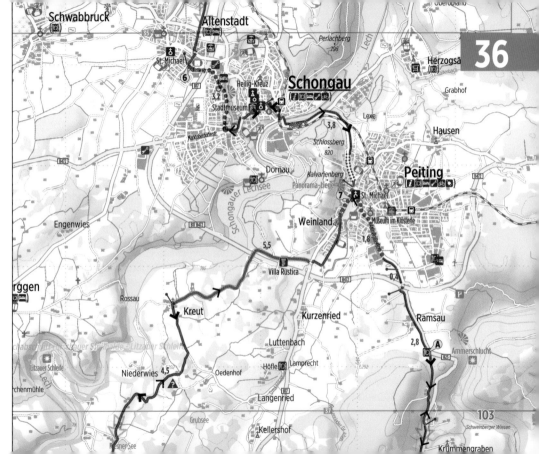

36

⑥ Schloss Schongau. Die ehemalige Kleinresidenz der Wittelsbacher aus dem 15. Jh. beherbergt heute das Landratsamt. @ biw523

✳ Altstadt. Mit einer vollständigen Stadtmauer (14. Jh.), Türmen, Toren und einem begehbaren Wehrgang

✳ Gotisches Ballenhaus, Marienpl. Der markante spätgotische Satteldachbau, der früher als Warenlager für Rottfuhrleute genutzt wurde, prägt die Ansicht des Marktplatzes.

✳ Stadtführungen, ☎ 214181. Führungen „Henkerstochter" oder „Biergeschichten", Lechfloßfahrten am Schongauer See und geführte Radtouren in den Pfaffenwinkel. Infos bei der Tourist-Information. @ qvs387

✉⌂ Plantsch, Lechuferstr. 6, ☎ 214444, @ wkv435

Die verkehrs- und handelstechnisch günstige Lage am Kreuzungspunkt zweier wichtiger Handelsstraßen führten zur Gründung von Schongau. Hier am Ufer des Lech trafen die mittelalterliche Salzstraße, die vom Berchtesgadener Land über München zum Bodensee führte, und der Fernhandelsweg zwischen Augsburg und Verona aufeinander. Außerdem gewann der Lech als Wasserstraße zunehmend an Bedeutung, was dazu führte, dass die auf einem geschützten Umlaufberg des Flusses gelegene Siedlung bereits im 12. Jahrhundert mit einer Befestigung versehen wurde. Auch heute noch zeugt die gut erhaltene Altstadt mit der nahezu vollständigen Stadtmauer mit begehbaren Wehrgängen, Türmen und Toren von der einst erfolgreichen Handelsniederlassung am Lechufer.

Die Blütezeit der Stadt, die im Jahre 1268 unter wittelsbachische Herrschaft gelangte, hielt über zweihundert Jahre an. Die einstige Größe Schongaus ist auch an der gotisch anmutenden Marktstraße sowie an dem ansehnlichen Ballenhaus, dem Lager- und Rathaus, mit dem steilen Treppengiebel zu erkennen.

Zahlreiche namhafte Baumeister und Künstler hinterließen in der Stadt am Lech ihre Spuren: Dominikus Zimmermann, der sich unter anderem mit der Gestaltung der Wieskirche bei Steingaden einen Namen gemacht hatte, schuf in der Pfarrkirche Mariä Himmelfahrt in der Mitte des 18. Jahrhunderts den Chorstuck. Dieses musste nach Zerstörungen und dem Einsturz des Turmes neu gebaut werden. Die gotischen Ursprünge der Kirche sind deshalb nur noch im Chor erkennbar. Außerdem ist das Gotteshaus mit Stuckarbeiten des Wessobrunners Jakob Stiller, einem Hochaltar von Franz Xaver Schmädl und Gemälden von Matthäus Günther ausgestattet.

Peiting
Vorwahl: 08861

ℹ Tourist-Information, Hauptplatz 4, ☎ 59961, @ ltl413

▥ Museum im Klösterle, Kapellenstr. 1, ☎ 59961, ◷ Mi 14-17 Uhr. Skimuseum mit Geschichtsstub'n, Abteilung über Jagd, Fischerei und Imkerei zwischen Lech und Ammer. @ fgh268

⛪ St. Michael, Hauptpl. Im Jahr 1055 ließ Welf VI. eine Burg errichten und im Zuge dessen auch die Kirche. In den folgenden Jahrhunderten kam es zu mehreren Umbauten, der Turm ist romanisch, der Chor im Kern gotisch.

✳ Villa Rustica, Kreuther Weg, südlich der Marktgemeinde ㉔ Im Jahr 1956 wurde hier neben der Bundesstraße ein römisches Landgut entdeckt, das zwischen dem 2. und 4. Jh. n. Chr. existiert hat. Nach ihrer ausgiebigen Erforschung und Einhausung ist die Villa Rustica von Peiting zu besichtigen. Sie vermittelt einen lebhaften Eindruck vom Leben im Alpenvorland während der Römerzeit. Auf dem Gelände befindet sich außerdem ein römischer Küchen- und Heilkräutergarten. @ ulx328

✳ Walderlebnispfad, am Kalvarienberg. Mit neuer Panoramaliege an der Gedenkkapelle.

✉ Wellenfreibad, Ammergauer Str. 20a, ☎ 258784, @ oar625

Peiting ist eine der ältesten Ansiedlungen des Ammerlandes, welche die Römer nach der Eroberung dieses Gebietes und nach dem

Ausbau der Via Claudia Augusta im 2.-4. Jahrhundert n. Chr. errichteten.

GABELUNG Zwischen Peiting und der Wieskirche können Sie zwischen zwei Varianten wählen. Die lechnähere Streckenführung verläuft auf kleinen Straßen durch hügeliges Land nach Steingaden. Die andere Route führt über Rottenbuch und Wildsteig zur Wieskirche. Beim Linksbogen der Hauptstraße in Peiting teilen sich die beiden Routen.

Von Peiting zur Wieskirche
über Steingaden   20,3 km

7 An der Straßengabelung, an der es links Richtung **B 472** geht, rechts halten ∼ in der Linkskurve der Hauptstraße rechts ab in die **Obere Straße** ∼ anfangs noch auf der **B 17** weiter ∼ links in die **Bachfeldstraße** ∼ an der ersten Weggabelung nach dem Ort rechts ∼ Sie fahren durch die Unterführung der Vorfahrtsstraße leicht nach links versetzt ∼ weiter nach Kreut ∼ wenn Sie die Schnellstraße hinter sich gelassen haben, gelangen Sie in eine herrliche Hügellandschaft, in der Sie saftige Almwiesen und kleine Wäldchen durchstreifen ∼ die Straße schlängelt sich durch die Landschaft, und Sie erreichen Kreut

∼ an der ersten Weggabelung links ∼ die Straße führt nach Langenried.

Kreut (Peiting)

Die abwechslungsreiche Landschaft beeindruckt mit einem vielfältigen Formenschatz. Zum Teil sind die Böden feucht und sogar moorig, manchmal blitzt ein kleiner See in der Sonne. Schattige kleine Nadelwälder wechseln zu hügeligen Almwiesen, gerade so, als befände man sich schon in den hochgelegenen alpinen Almregionen.

Hinter Kreut heißt's erst mal wieder kräftig in die Pedale treten ∼ nach einem Kilometer rechts in den Wald ∼ ⚠ nach etwa 500 m beim Holzschuppen rechtsherum dem befestigten Weg folgen ∼ in stetigem Bergab kurven Sie aus dem bewaldeten Gebiet heraus ∼ am Wegesrand tauchen immer wieder Bauernhöfe mit hübschen Malereien auf, auch an dem mit Schilf umwachsenen **Riesener See** kommen Sie vorbei ∼ **8** die darauffolgende Kreuzung mag ein wenig verwirrend erscheinen, aber wenn Sie sich leicht links halten und der Beschilderung nach Steingaden folgen, kann nichts schiefgehen ∼ dem Straßenverlauf folgend erreichen Sie Steingaden.

Steingaden
Vorwahl: 08862

ℹ **Tourist-Information**, Krankenhausstr. 1, ✆ 200, @ jol825

⛪ **Welfenmünster**, Marktpl. Von Herzog Welf VI. 1147 gegründete romanische Basilika im alpenländischen Grundriss und mit einer sehenswerten Innenausstattung aus unterschiedlichen Epochen. @ kvq574

Hier begegnet Ihnen die ehemalige Klosterkirche St. Johannes Baptist, das „Welfenmünster". Der Bau der Kirche begann im Jahr 1147 und wurde 1176 geweiht, doch blieb sie nicht gänzlich von der Barockisierung verschont. Der äußere wuchtige romanische Bau ist erhalten geblieben, das Innere wurde im Zuge des Baus der Wieskirche vergoldet. Diesem ehemaligen Prämonstratenserkloster, das 1147 gegründet wurde, haben wir es zu verdanken, dass im 18. Jahrhundert jenes Meisterwerk des bayerischen Rokoko errichtet wurde, das so viele bewundern. Von hier gingen die Impulse zum Bau der Wieskirche aus.

VARIANTE Um Steingaden zu verlassen, besteht die Möglichkeit, auf der Hauptstraße fast bis zum Ortsende zu fahren und direkt vor der Raiffeisenbank links abzuzweigen. Oder aber Sie wenden sich, wenn Sie vor dem Welfenmünster stehen, nach rechts und fahren solange geradeaus, bis Sie anstoßen. Wenn Sie sich hier nach links wenden, befinden Sie sich genauso auf der Straße nach Litzau und Wies.

Das erste Stück auf dem Weg nach Litzau ist recht beschwerlich und steil ～ danach geht es zwar immer noch bergauf, doch längst nicht mehr so steil wie zu Beginn.

Litzau (Steingaden)

Ab Litzau setzen Sie die Fahrt auf einer für den allgemeinen Verkehr gesperrten Forststraße fort, die durch ein Naturschutzgebiet führt.

TIPP Wenn sich diesmal der Wald lichtet, weichen die Bäume für den Anblick des berühmtesten Gotteshauses in Bayern zurück, die Wieskirche taucht vor Ihnen auf.

Von Peiting zur Wieskirche über Rottenbuch   20,6 km

In Peiting folgen Sie dem Linksbogen der **B 23** durch die Ortschaft ～ am Ortsende beginnt auf der rechten Seite ein Radweg ～ **A** beim Gasthof vom Radweg rechts auf eine kleine Straße ～ steil hinauf in den Wald ～ nach dem Haus wieder hinunter zur Bundesstraße ～ beim Parkplatz wieder auf einen Radweg ～ der Radweg geht kurzfristig in die Straße **Voglherd** über und wird dann wieder zum

Radweg ～ dann links durch eine Röhre unter der Bundesstraße hindurch.

Auf der anderen Seite rechts weiter ～ Sie durchfahren die Häuser von **Moos** ～ dann wieder auf einem Radweg unter der Bundesstraße hindurch ～ **A** in Rottenbuch mit dem Fahrrad durch eine Fußgängerunterführung unter der Bundesstraße hindurch, Sie können hier natürlich auch die Straße ganz normal mit ein bisschen Vorsicht queren.

Rottenbuch
Vorwahl: 08867

ℹ Tourist-Information, Klosterhof 42, ℰ 911018, @ qay571

⛪ Klosterstiftskirche Mariä-Geburt, Klosterhof 38 ⏰ Die ehemalige Stiftskirche wird heute als Pfarrkirche genutzt. In diesem prachtvollen, im Rokoko erbauten Gotteshaus arbeiteten viele bekannte Künstler der vergangenen Jahrhunderte. So zum Beispiel Vater und Sohn Schmuzer gemeinsam mit dem Maler Matthäus Günther (ab 1738). Oder Franz Xaver Schmädl, der von 1740 bis 1747 den berühmten Hochaltar und einige entzückende Engel schuf.

⛪ Frauenbrünnerl. Die achteckige Kapelle von 1688 hat als einzige die Zeit der Säkularisation überlebt. Die damalige Käuferin hat die zum Abbruch gekaufte Kapelle als Holz- und Heulege entfremdet, und konnte somit das alte Gebäude erhalten.

⛪ Augustiner Chorherrenstift, Klosterhof 40, ℰ 911018 ⏰ Das Chorherrenstift zu Rottenbuch wurde 1073 von Herzog Welf I.

AndersRum (Karte 37, Ostroute): Von der Ortschaft **Wies** kommend rechts ～ rechts auf die Querstraße und dann wieder links ab ～ in **Unterhäusern** links ～ durch **Wildsteig** und dann links Richtung Morgenbach ～ in **Morgenbach** links halten und vorbei am Schwaigsee nach **Schwaig** ～ rechts weiter nach **Schönegg** ～ am Ende der Ortschaft links und weiter nach **Rottenbuch** ～ an der **B 23** links auf den rechtsseitigen Radweg ～ an den Häusern von **Moos** vorbei ～ unter der Bundesstraße hindurch und entlang dieser - das letzte Stück wieder auf der **B 23** - bis nach **Peiting** und zur **B 17**.

AndersRum (Karte 37, Westroute): Von **Wies** kommend links halten nach **Litzau** ～ auf der Ortsdurchfahrtsstraße durch **Steingaden** ～ noch in der Ortschaft links ab und Steingaden verlassen ～ dann rechts, vorbei am **Deutensee** und an Gehöften ～ an einer größeren Kreuzung halb rechts Richtung **Riesner See** ～ am See vorbei und dem Straßenverlauf nach **Niederwies** ～ an der Vorfahrtstraße nach dem Wald links und nach **Kreuth** ～ Kreuth nach rechts verlassen und auf die Bundesstraße **B 472** zu ～ die **B 472** überqueren, rechts weiter und unter der **B 17** hindurch ～ danach links nach **Peiting** ～ in die **Bachfeldstraße** und dann auf die **B 17**.

Grubsee
Kellershof
Schweinberger Wiesen
Holzleithen
Pischlach

Krümmengraben
Wimpes

Riesen
Deutensee
Eschenbühl
905
Hochkreit
Schweinberg
Rottenbuch

8
Hirschau
Butzau
Schmauzenberg
Moos
Pfarrkirche Mariae Geburt
Vorderkirnberg

Doldensee
Voglherd
Frauenbrünnerl

Deutenhof
Engen
Rudersau
Rochustal
Weihanger
Ölberg

Franzenbichel
762
Rosskopf
794
Boschach
Reiswies
Ristle
Solder
Schönberg

Breit Bichel
760
Brandach
Maderbichl
Ilgen
Engle
Achen
785
Achen
Lettigenbichl

Gmeind
Staltannen
Ilchberg
Kreit
Schönegger Käsealm
Schönegg
Echelsbacher Brücke
Echelsbach

Jagdberg
Illach
Lauterbach
Schwaig

Ursprung
Steingaden
Seemühle
Unterbauern
Wildsteig
Gschwendt
Bad Bayersoien

Klostergarten St. Johann
Welfenmünster
Klostermuseum im Pfarrhof
Kohlhofen
Schwarzenbacher Wald
Pfarrkirche
Unterhäusern
Morgenbach

Vordergündl
Sandgraben
Litzau
Holz
See
Linden
Schächen

Steingädele
Schlögelmühle
Schwarzenbach
Schwaig
Perau
Kreut

Reiterau
Graben
Haareck
860
Hiebler
Wies
Eckberg
960
Straubenbach
Schildschwaig

Unterried
9
Wieskirche
NSG Wiesfilz

Wieskirche

gegründet. Von der ursprünglichen Anlage ist allerdings nur noch die Stiftskirche Mariä Geburt erhalten. In dieser prachtvollen, im Rokoko erbauten Kirche arbeiteten viele bekannte Künstler der vergangenen Jahrhunderte. @ djx138

Von Rottenbuch aus fahren Sie weiter auf dem Radweg links der Bundesstraße ~ gegen Ortsende beim Radwegende rechts über die **B 23** in die Straße **Solder** ~ an der Querstraße links ~ steil bergauf und dann links in die **Haldenberger Straße** ~ bei den letzten Häusern links halten Richtung Engle ~ bei einigen Häusern rechtsherum Richtung

Schönegg ~ es geht bergauf ~ ⚠ bei einem Hof geht es dann auf einem unbefestigten Fahrweg weiter (kein Schild) ~ steil bergauf ~ wieder auf Asphalt halten Sie sich rechts ~ an der Straßengabelung erneut rechts ~ Sie passieren die Häuser von **Schönegg** ~ dem Straßenverlauf folgen und auf die stärker befahrene **Steingadener Straße** (St2059) zu ~ die Straße queren und über **Schleifmühle** weiter nach **Morgenbach** ~ **B** in Morgenbach rechts halten Richtung Wildsteig ~ in Wildsteig links zur Ortsmitte ~ es geht hinunter, Sie folgen dabei dem Rechtsbogen der Straße.

Wildsteig
Vorwahl: 08867

- 🛈 **Tourist-Information**, Kirchbergstr. 20a, ✆ 912400, @ mtr382
- 🛏 **Pfarrkirche**, Kirchbergstr. 24. Die Ursprünge der Pfarrkirche St. Jakob gehen ins Mittelalter zurück.

Auf der Vorfahrtsstraße links in den **Oberfeldweg** und dann links in die **Riedstraße** ~ geradeaus an einem Gasthof vorbei ~ es geht bergab ~ links steil hinauf ~ dem Straßenverlauf folgen ~ nach der Tourist-Info wieder bergab ~ geradeaus am **Wiesweg** entlang ~ abbiegen Richtung **Holz** ~ nach

den Häusern weiter auf einem asphaltierten Wirtschaftsweg ~ ⚠ an der Verzweigung von Wegen – vier Stück an der Zahl – nehmen Sie den zweiten von links steil bergauf ~ an der nächsten Querstraße rechts ~ an der nächsten Abzweigung links nach Wies ~ auf dieser Straße kommen Sie dann bald zur Wieskirche wo sich die beiden Hauptrouten wieder treffen.

Wies (Steingaden)
Vorwahl: 08862

- 🛏 **Wieskirche**, Wies 12, ✆ 932930. In der zwischen 1745-1754 erbauten Wieskirche wird die Statue des Gegeißelten Heilands verehrt. Jährlich besuchen ca. eine Million Menschen die Kirche, die seit 1983 zum UNESCO-Weltkulturerbe zählt. @ btr432

Endlich stehen Sie vor dieser Kirche, der Wieskirche, die schon beinahe als kleines Weltwunder gilt. Ein Wunder war es auch, das zum Bau dieses Kunstwerkes geführt hat:
Es wird von der Wieshof-Bäuerin, der Maria Lory, erzählt, die sich eine Holzplastik des gegeißelten Heilands aus Steingaden mit nach Hause brachte. Eines Abends im Juni des Jahres 1738, als sie wie üblich zu dem heiligen Bildnis betete, geschah das Unglaubliche: Der Passionsfigur standen echte Tränen in den Augen.

AndersRum (Karte 38): In **Halblech** in die Straße **In der Siedlung** ⮑ dieser 500 m folgen ⮑ an der Einmündung in die Hauptstraße links ⮑ nach 100 m rechts ⮑ geradeaus weiter nach Trauchgau ⮑ in **Trauchgau** rechts in den **Postweg** ⮑ die Bundesstraße überqueren und bei der Kirche rechts ⮑ weiter verwinkelt durch den Ort ⮑ dem Straßenverlauf weiter Richtung **Unterreithen** folgen ⮑ bei der Kapelle rechts ⮑ durch **Oberreithen** und **Schober** ⮑ links nach **Resle** ⮑ weiter durch ein Waldgebiet bis nach **Wies**.

Seit diesem Ereignis war es mit der Ruhe und dem Frieden auf dem Wieshof vorüber, der Strom der Wallfahrenden begann in dem Moment zu fließen, als sich diese Nachricht unter den Gläubigen herumsprach. Die Kapelle, die aufgebaut wurde, um den Ansturm Pilger zu bewältigen, wurde schnell zu klein. So beschloss der Abt von Steingaden, eine richtige Wallfahrtskirche bauen zu lassen. Bald schon machte sich der damals wohl berühmteste Künstler seiner Zeit, das Multitalent Dominikus Zimmermann, als Baumeister ans Werk. Dominikus war der Architekt, sein Bruder Johann Baptist widmete sich der Malerei.

109

Es sollte eine Bußkirche werden, die die Barmherzigkeit Jesu auszudrücken vermochte. Dieses Grundthema scheint recht wenig in jener Heiterkeit zum Ausdruck zu kommen, die einem im Inneren der Kirche empfängt. Diese goldene Verspieltheit, ist sie vereinbar mit den Leiden des Christus am Kreuz? Aber ja, denn im christlichen Sinn sind Opfer und Askese positive und helle Eigenschaften, und das Kreuz bringt den Menschen die Erlösung und das Licht. Und genau das Licht ist ein wichtiger Moment in diesem barocken Kunstwerk. Die nicht verdunkelten Fenster lassen die Sonnenstrahlen ungehindert eindringen in diesen freundlichen Raum, der beinahe einem Festsaal gleicht.

Von Wies nach Füssen   27,8 km

9 Wenn Sie sich von dem Glanz der Wallfahrtskirche losgerissen haben, geht's unterhalb der Wies geradeaus weiter ⁓ es trägt Sie ein kleines Sträßlein in einen schattigen Nadelwald hinein ⁓ an der Weggabelung links nach **Resle** ⁓ in ständigem Auf und Ab erreichen Sie ein Gehöft. *Der Hohe Trauchberg erhebt sich vor Ihnen mit der beachtlichen Höhe von rund 1.500 Metern.*

An der Kreuzung, die Sie 500 m nach dem Resle-Hof erreichen, wenden Sie sich rechts und radeln nun parallel zu diesem Höhenzug nach Trauchgau ⁓ das nächste Dorf, das Sie auf Ihrer Fahrt durch die Hügellandschaft erreichen, heißt **Schober** ⁓ auf dieser Straße bleiben durch **Oberreithen** ⁓ In **Unterreithen** bei der Kapelle schräg links abbiegen ⁓ dem Radweg ins Tal folgen ⁓ links die **Trauchgauer Ach** überqueren ⁓ **10** an der Kreuzung rechts abbiegen.

Falls Sie jedoch um Ihr leibliches Wohl besorgt sind, kann Ihnen in der Trauchgauer Almstube geholfen werden, sie liegt etwa 600 m entfernt, Schilder weisen den Weg dorthin.

Durch eine vom Gletscher überformte Moränenlandschaft radeln Sie auf die ersten Häuser von Trauchgau zu ⁓ rechts halten und Sie erreichen bald das Zentrum des entzückenden Dorfes.

Trauchgau (Halblech)

Vorwahl: 08368

ℹ **Gästeinformation**, Dorfstr. 18, Rathaus, ☎ 9122222, @ ijf142

🏛 **Dorfmuseum**, Am Feuerwehrhaus 3, ☎ 656 ☟ In einem der ältesten Bauernhäuser der Gemeinde sehen Sie, wie die Menschen einst gelebt haben. @ mmb167

☁ **Alpenfreibad**, Badweg 20, ☎ 1495, @ tlq471

Auf Höhe der Kirche links in die **Reichenstraße** ⁓ Sie kommen zur Bundesstraße und überqueren diese ⁓ weiter auf der **Poststraße** ⁓ links in den **Flurweg** ⁓ an der Vorfahrtsstraße links und gleich wieder rechts ⁓ mit einem Linksbogen dann weiter auf der Straße **In der Siedlung** ⁓ am **Weidachweg** rechts.

Halblech

Vorwahl: 08368

✳ **Wanderbus zur Kenzenhütte**, Kenzenparkpl., ☎ 390, ☟ Mitte Mai - Mitte Okt. Der Bus fährt vom Kenzenparkplatz in Halblech tägl. mehrmals zur Kenzenhütte, die ein idealer Ausgangspunkt für Wanderungen ins Naturschutzgebiet Ammergebirge ist. Von dort sind es nur 10 min. Gehzeit zum Kenzenwasserfall, @ bdk157

Sie verlassen Halblech wieder ⁓ es geht über eine Brücke ⁓ schnurgerade geht's jetzt gen Süden ⁓ dabei lassen Sie **Bayerniederhofen** hinter sich und können nun schon die Schlösser Neuschwanstein und Hohenschwangau in der Ferne erspähen ⁓ Sie nähern sich langsam wieder der Bundesstraße, rechts taucht plötzlich eine große Wasserfläche auf, der Bannwaldsee.

AndersRum (Karte 39): Vom Zentrum in Füssen kommend auf einem Radweg parallel zur B 16 über den Lech weiter auf dem Radweg nach **Hohenschwangau** in Hohenschwangau links auf der **Schwangauer Straße** nach **Schwangau** beim Brunnen rechts entlang des **Bannwaldsees** und linker Hand der B 17 nach **Bayerniederhofen** und weiter nach **Halblech**.

Als erster der zahlreichen, während der Eiszeit entstandenen Seen hier im Allgäu, begrüßt Sie der Bannwaldsee.

Dessen Ufer folgen Sie nun weiter zwischen Bundesstraße und dem Schilfgürtel des Sees eingeschlossen, erreichen Sie den **Campingplatz Bannwaldsee** am Campingplatz entlang und dem Weg über den Graben hinüber folgen von jetzt an können Sie das märchenhafte Bild auf Neuschwanstein bis hinunter nach Füssen genießen nochmals überwinden den Sie den Bach und wenden sich nach rechts kurz danach passieren Sie wiederum eine Brücke und radeln jenseits der Mühlbacher Ach immer weiter auf Schwangau zu.

Links von Ihnen erhebt sich vor dem Hintergrund der Alpen die barocke Kirche St. Coloman, von den Felswänden dahinter heben

Schloss Neuschwanstein, Schwangau

sich markant die Märchenschlösser – Hohenschwangau und Neuschwanstein – des Königs Ludwig ab.

König Ludwigs Märchenschlösser

Beide Schlösser, Hohenschwangau und Neuschwanstein, die das Ostallgäuer Seenland überragen, hatten große Bedeutung für den wahrscheinlich meistgeliebten König Bayerns, Ludwig II. Einen Großteil seiner Jugendjahre verbrachte er auf Schloss Hohenschwangau, das ursprünglich auf eine mittelalterliche Burg zurückgeht und von Kronprinz Maximilian 1832 in neugotischem Stil wieder aufgebaut worden ist. Hier sammelte der Träumer zweifelsohne einige Ideen, die er in seinem prächtigsten Vorhaben, dem Schloss Neuschwanstein, zu verwirklichen suchte. Ludwig war ein Mensch, der zum Regieren nicht geschaffen war und doch mit 18 Jahren, im Jahre 1864, den Thron besteigen musste. Die Beschreibung, die Richard Wagner nach seiner ersten Begegnung mit dem jungen König niederschrieb, mag zutreffend gewesen sein: „Er ist leider so schön und geistvoll, seelenvoll und herzlich, dass ich fürchte, sein Leben müsse wie ein Göttertraum zerrinnen."

Gemäß seinem Charakter ließ er seine Regierungsgeschäfte auch recht bald brachliegen und zog sich, obwohl das Volk ihn liebte, in die Einsamkeit der bayerischen Wälder und Berge zurück. Gleichzeitig floh er auch in eine Welt der Träume und des ästhetischen Seins, um der Wirklichkeit und den Menschen zu entkommen.

Gutes Beispiel für solch eine Weltfremdheit ist das Schloss Herrenchiemsee, und zwar der Gedanke, der dahinter steckte. König Ludwig lebte in dem Glauben, ein ebenbürtiger Nachfolger Ludwig XIV. zu sein, und wollte mit Herrenchiemsee ein zweites Versailles schaffen. In seiner Bauwut ließ er opernhafte Schlösser errichten, die ausschließlich für ihn allein bestimmt waren und eher funktionslose Theaterkulissen zu sein schienen.

In Neuschwanstein hatte er schon begonnen, diesen Wahn bis zur Perfektion zu treiben. Der Sängersaal, der den Mittelpunkt des ganzen Schlosses bildet und in dem er Szenen aus dem Tannhäuser von Wagner abbilden ließ, sowie andere Räume, die eher wie orientalische Paläste anmuten, sind Beweis dafür. Diese überaus teuren, Stein gewordenen Träume fielen dem Bayerischen Staat anfangs nicht einmal zu Lasten, da die Kosten aus einem Fonds zu des Königs persönlicher Verwendung gedeckt wurden.

Sogar Bismarck – wohl sicher nicht aus Uneigennützigkeit – unterstützte Ludwig II. mit Millionenbeträgen. Erst als der König die Staatsfinanzen anzapfte, ließen ihn die Minister plötzlich für verrückt erklären und schafften den Märchenkönig nach Berg an den Starnberger See, wo er auf ungeklärte Weise ums Leben kam.

Schwangau

Vorwahl: 08362

🛈 **Tourist-Information**, Münchener Str. 2, ☎ 81980, @ xly148

🛐 **Filialkirche St. Georg**, Mitteldorf. Das Kirchenschiff war ursprünglich ein Wohngebäude und der Stammsitz der Herren von Schwangau. @ mbe663

🛐 **Wallfahrtskirche St. Coloman**, Colomanstr. 1. Das barocke Gebäude mit komplett erhaltener Ausstattung und schöner Dekoration ist eine der berühmtesten Sehenswürdigkeiten Bayerns. @ tiu576

🏛 **Römervilla**, Tegelbergstr. 3, an der Tegelbergbahn Talstation, ☎ 819810 ㉔ Der ehem. röm. Gutshof stammt aus dem 2. Jh. n. Chr. und wurde 1934 entdeckt. @ qnu153

✳ **Bergsportzentrum Tegelberg**, Tegelbergstr. 33 ㉖ Lädt ein zum Wandern, Klettern und Bergsteigen. @ ylg331

✳ **Tegelbergbahn**, Tegelbergstr. 33, ☎ 98360. Bringt Sie auf den 1.730 m hohen Hausberg hinauf.

✉ **Alpseebad**, Neuschwansteinstr., ☎ 93040. Der Alpsee unterhalb der Königsschlösser bietet sich hervorragend zum Baden an. @ rpy754

🖥 **Königliche Kristall-Therme**, Am Ehberg 16, ☎ 819630. Sole-Therme, Saunalandschaft, Osmanischer Hammam, Natron-Becken, Poolbar, Außenbecken, Massagezentrum und Wassergymnastik - erleben Sie königliches Ambiente! @ gti682

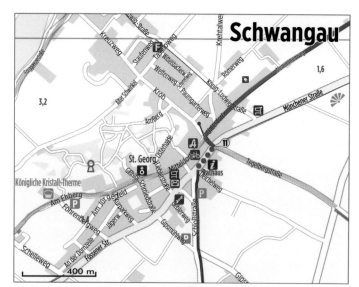

VARIANTE ▌Wer direkt nach Füssen weiterfahren möchte, radelt beim Dorfbrunnen geradeaus und folgt dem Straßenverlauf durch Horn nach Füssen.

Beim Dorfbrunnen links ⤳ für die Hauptroute **11** an der **B 17** rechts und wieder links auf den Radweg

Füssen bei Nacht

entlang der **Schwangauer Straße** nach Hohenschwangau.

Hohenschwangau (Schwangau)

Vorwahl: 08362

🛈 Ticket-Center Neuschwanstein-Hohenschwangau, Alpseestr. 12, ☎ 930830, @ hhm637

🏛 Museum der bayerischen Könige, Alpseestr. 27, ☎ 887250 ⓝ
Das Museum zeigt die Geschichte der Herrscherdynastie Wittelsbacher. Das Hauptaugenmerk wird auf jene Könige gelegt, die unmittelbar mit dem Ort in Verbindung stehen: König Maximilian II. ließ Schloss Hohenschwangau zur Sommerresidenz ausbauen, sein Sohn Ludwig II. ließ Schloss Neuschwanstein errichtet. @ ttj771

🏰 Schloss Hohenschwangau, Alpseestr. 24, ☎ 887301, ⊙ Besichtigung nur im Rahmen einer Führung: Winter tägl. 10-16 Uhr, Sommer tägl. 9-18 Uhr. Vom Kronprinzen Maximilian von Bayern in den Jahren 1832-36 aus der verfallenen Burg Schwanstein im neugotischen Stil wieder aufgebaut. @ tkp714

🏰 Schloss Neuschwanstein, Neuschwansteinstr. 20, ☎ 939880 ⓝ
In den Jahren 1869-86 von König Ludwig II. von Bayern in mittelalterlichem Stil erbaut. @ kld168

✳ Marienbrücke. Den besten Blick auf das Schloss Neuschwanstein verspricht die Marienbrücke über der Pöllatschlucht. Die heutige filigrane Eisenkonstruktion wurde 1866 errichtet.

Nach einem Besuch der Märchenschlösser auf dem Radweg entlang der **Parkstraße**

nach Füssen weiter ～ entlang der **B 16/B 17**
erreichen Sie Füssen ～ bei der Ampel auf die
andere Straßenseite wechseln ～ der Radbe-
schilderung folgen über die **Schulhausstraße**
bis zur Tourist Information Füssen.

Füssen
Vorwahl: 08362

- **ⓘ Tourist-Information**, Kaiser-Maximilian-Pl. 1, ✆ 93850,
  @ vdy367

- **⚓ Forggensee-Schifffahrt**, ✆ 921363, ⏱ Anf. Juni - Mitte Okt.
  Große Rundfahrt ab Bootshafen Füssen. Haltestellen: Festspiel-
  haus Füssen, Waltenhofen, Brunnen, Osterreinen, Dietringen,
  Roßhaupten-Tiefental und Kraftwerk. @ rxu332

- **🏛 Museum der Stadt Füssen**, Lechhalde 3, im ehem. Benedikti-
  nerstift St. Mang, ✆ 903146 ⊜ Repräsentative Barockräume,
  Geschichte Füssens als Zentrum des Lauten- und Geigenbau-
  handwerks, Füssener Totentanz, romanischer Kreuzgang, Stadt-
  und Klostergeschichte. @ agf373

- **🏛🎨 Staatsgalerie und städtische Gemäldegalerie im Hohen
  Schloss**, Magnuspl. 10, ✆ 903146 ⊜ Thema der Galerien:
  Skulpturen und Tafelbilder aus Spätgotik und Renaissance,
  Münchner Maler des 19. Jhs., Sonderausstellungen. Das Hohe
  Schloss ist eine ehem. Sommerresidenz der Fürstbischöfe von
  Augsburg mit spätgotischen Illusionsmalereien an den Innen-
  hoffassaden sowie einer gotischen Decke im Rittersaal.
  @ odb687

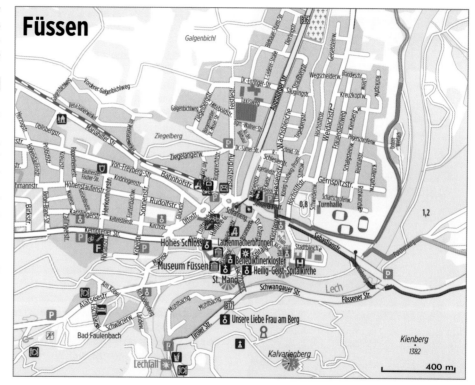

Füssen

Lech bei Füssen

Filialkirche Unserer Lieben Frau am Berg, Tiroler Str. 23. Die Kirche wurde vom Wessobrunner Baumeister Johann Schmuzer erbaut.

Heilig-Geist-Spitalkirche, Spitalg. 2. Die Kirche wurde 1748/49 errichtet. Sehenswert ist die Rokokofassade mit einer farbenprächtigen Freskierung. @ hbq825

Benediktinerkloster und Stadtpfarrkirche St. Mang, Lechhalde 3. Das Benediktiner-Kloster wurde 850 gegründet. Die Barock-Basilika wurde im 18. Jh. auf romanischen Fundamenten erbaut. @ jpy872

Lechfall, Tiroler Str. Die Wassermassen des Lechfalls stürzen 12 Meter in die Tiefe. Die Lechschlucht ist natürlichen Ursprungs. @ dus577

Walderlebniszentrum Ziegelwies mit Baumkronenweg, Tiroler Str. 10, ☏ 08341/90022150 ⓩ Die Idee hinter dem Erlebniszentrum ist es, die Natur zwischen Tirol und Bayern auf spannende und aktive Weise grenzenlos zu erleben. Nur einen Kilometer südlich der Altstadt. @ rpq586

Festspielhaus, Im See 1, ☏ 50770. Die beeindruckende Architektur wurde von Josephine Barbarino entworfen. Hier wird u. a. das Musical „Ludwig² – Der König kommt zurück" aufgeführt. @ whu284

Historische Altstadt, Reichenstr. Die Gassen der romantischen Altstadt bieten sich zum ausgiebigen Bummeln an. Die Stadt bietet den Service einer Handy-Stadtführung: an 11 Stationen können Sie unter der Rufnummer 089 210 833 559 1 + Eingabe der jeweiligen Standort-Kennziffer (1-11) Informationen über die jeweilige Sehenswürdigkeit zum Verbindungsentgelt ins deutsche Festnetz abfragen.

Lautenmacherbrunnen, Brotmarkt ⓩ Ein Porträt von Kaspar Tieffenbrucker diente als Vorlage für diesen 1990 erbauten Brunnen.

Die romantische Füssener Altstadt mit ihren spätmittelalterlichen Bürgerhäusern, prächtigen Barockkirchen und dem fast italienischen Flair ihrer Plätze und Straßencafés lädt zum Bummeln und Entdecken ein. Die Museen und Kunstschätze einer Stadt zeugen von einer mehr als zweitausendjährigen Geschichte. Schon zur Römerzeit bestand hier ein Kastell zur Sicherung der Via Claudia Augusta. Im 8. Jahrhundert errichtete der Wandermönch Magnus, als St. Mang bis heute Stadtpatron, oberhalb des Lechufers eine Mönchszelle, die sich im darauffolgenden Jahrhundert zum Kloster entwickelte. Der mächtige barocke Vierflügelbau wurde nach Plänen von Johann Jakob Herkomer Anfang des 18. Jahrhunderts geschaffen und beherbergt heute das Museum der Stadt Füssen.

Als Umschlagplatz an der Fernhandelsstraße nach Italien entwickelte sich die um 1295 zur Stadt erhobene Siedlung zu einem florierenden Handels- und Handwerkszentrum und erreichte europaweite Bedeutung als Lauten- und Geigenbauzentrum. Stadtherren waren ab 1313 die Augsburger Fürstbischöfe, die das Hohe Schloss als Sommerresidenz nutzten. 1802 wurde die Stadt im Rahmen der Säkularisation bayerisch.

AUSFLUG Unternehmen Sie einen Radausflug um den Forggensee. Der moderat hügelige, 30 Kilometer lange Radrundweg ist ab Bootshafen Füssen beschildert und bietet einen traumhaften Blick auf die Königsschlösser Neuschwanstein und Hohenschwangau und die Füssener Stadtsilhouette vor dem Alpenpanorama. Wer unterwegs müde wird, kann mit seinem Rad auf eines der Forggenseeschiffe umsteigen und sich zurück nach Füssen schippern lassen.

Sie haben nun das Ende Ihrer Radreise erreicht. Wir hoffen, Sie hatten einen erlebnisreichen und interessanten Radurlaub und freuen uns, dass Sie ein *bikeline*-Radtourenbuch als Begleiter gewählt haben.

Das gesamte *bikeline*-Team wünscht Ihnen eine gute Heimreise!

Übernachtungs- und Serviceverzeichnis

Übernachtungsadressen

Dieses Verzeichnis beinhaltet folgende Übernachtungskategorien:

Kategorien

- 🄸 Tourist-Information
- Ⓗ Hotel
- 🄷g Hotel garni
- 🄶h Gasthof, Gasthaus
- Ⓟ Pension, Gästehaus
- 🄿z Privatzimmer
- 🄷o Hostel
- 🄼o Motel
- 🄽f Naturfreundehaus
- 🄰h Apartmenthotel
- 🄱b Bed and Breakfast
- Ⓑ Bungalow
- 🄵w Ferienwohnung (Auswahl)
- 🄱h Bauernhof
- 🄷h Heuhotel
- Ⓢ Sonstiges
- 🄹 Jugendherberge, -gästehaus
- 🄲 Campingplatz
- 🄩 Zeltplatz (Naturlagerplatz)

Die Auflistung stellt keine Empfehlung einzelner Betriebe dar und erhebt keinen Anspruch auf Vollständigkeit. Um das Verzeichnis stets aktuell zu halten, sind wir für Mitteilungen bezüglich Änderungen jeder Art dankbar. Der einfache Eintrag erfolgt für die Betriebe natürlich kostenfrei, aus Platzgründen können wir diesen allerdings nicht garantieren. Vor allem in Tourismusgebieten mit großem Übernachtungsangebot muss die Liste aus Platzgründen automatisiert leicht gekürzt werden.

Kennzeichnung

I	Preiskategorie unter € 25,–
II	Preiskategorie € 25,– bis € 35,–
III	Preiskategorie € 35,– bis € 50,–
IV	Preiskategorie € 50,– bis € 70,–
V	Preiskategorie € 70,– bis € 100,–
VI	Preiskategorie über € 100,–
o.F.	kein Frühstück angeboten
HP	mit Halbpension
🚻	nur Zimmer mit Etagenbad
☺	Bett+Bike Betrieb
2.5	Entfernung vom Weg in Kilometer Luftlinie

Preise

Die Preise gelten als Richtwert pro Person in einem Doppelzimmer mit Dusche oder Bad inkl. Frühstück.
Die angegebenen Preiskategorien entsprechen dem Stand des Erhebungs- bzw. Überarbeitungszeitraumes und können sich von den tatsächlichen Preisen unterscheiden. Besonders während Messezeiten, aufgrund von unterschiedlichen Zimmertypen und nicht zuletzt saisonal bedingt sind preisliche Schwankungen möglich.

Radwerkstätten u. -vermietung

- 🔧 Fahrradwerkstatt
- 🚲 Fahrradvermietung
- 🔌 E-Bike Ladestation
- 🚲 E-Bike Verleih
- 🔒 abschließbare Abstellanlagen

Entfernung

Die blaue Zahl (2.5) beim Betrieb gibt die Entfernung zur Route in Kilometern an. Bitte beachten Sie, dass sich diese Zahl auf die Luftlinie bezieht, ohne Berücksichtigung der Höhenmeter und der tatsächlichen zurückzulegenden Strecke.

Updates

Aktuelle Korrekturen zum Übernachtungsverzeichnis erhalten Sie über das LiveUpdate auf www.esterbauer.com.

Würzburg

Vorwahl: 0931

🚲 Allgemeiner Deutscher Fahrradclub, Bahnhofpl. 4, ☎ 781362 0̲

ℹ️ Tourist Information & Ticket Service im Falkenhaus, Oberer Markt 9, ☎ 372398 0̲.̲5̲

ℹ️ Tourist Information Würzburg und Fränkisches Weinland, Turmg. 11, ☎ 372335 0̲

🏨 **Fischzucht, Julius-Echter-Str. 15, ☎ 619870, IV ☺ 3̲**

🏨 Altstadt, Theaterstr. 7, ☎ 4654621, II-III 0̲.̲5̲

🏨 Barbarossa, Theaterstr. 2, ☎ 32919091, III 0̲.̲5̲

🏨 Best Western Hotel Würzburg Süd, Mergentheimer Str. 162, ☎ 61510, III 2̲.̲5̲

🏨 Brehm, Stengerstr. 18, ☎ 619950, III 3̲

🏨 City Partner Hotel Strauss, Juliuspromenade 5, ☎ 30570, III-IV 0̲.̲5̲

🏨 City-Hotel Meesenburg, Pleichertorstr. 8, ☎ 46558405, III-IV 0̲.̲5̲

🏨 Franziskaner, Franziskanerpl. 2, ☎ 35630, III-IV 0̲.̲5̲

🏨 GHOTEL hotel&living, Schweinfurter Str. 1-3, ☎ 359620, IV-V 1̲

🏨 Goldenes Fass, Semmelstr. 13, ☎ 45256810, ☎ 49, IV 0̲.̲5̲

🏨 Grüner Baum, Zeller Str. 35/37, ☎ 450680, IV-V 0̲.̲5̲

🏨 Maritim, Pleichertorstr. 5, ☎ 30530, IV 0̲

🏨 Novotel, Eichstr. 2./Ludwigstr., ☎ 30540, IV 0̲.̲5̲

🏨 Poppular, Textorstr. 17, ☎ 322770, III-IV 0̲.̲5̲

🏨 Residence, Juliuspromenade 1, ☎ 35934340, III-IV 0̲.̲5̲

🏨 Steinburg, Mittlerer Steinbergweg 100, Reußenweg

2, ☎ 97020, V-VI 1̲

🏨 Walfisch, Am Pleidenturm 5, ☎ 35200, III-IV ☺ 0̲

🏨 Wittelsbacher Höh, Hexenbruchweg 10, ☎ 453040, IV-V 0̲.̲5̲

🏨 Zur Stadt Mainz, Semmelstr. 39, ☎ 53155, IV 0̲.̲5̲

🏩 Alter Kranen, Kärrnerg. 11, ☎ 35180, IV 0̲.̲5̲

🏩 Am Congress Centrum, Pleichertorstr. 26, ☎ 2307970, IV-V 0̲

🏩 B&B Hotel, Veitshöchheimer Str. 18, ☎ 250950, III 0̲.̲5̲

🏩 Central Hotel Garni, Koellikerstr. 1, ☎ 460884-0, IV ☺ 0̲.̲5̲

🏩 City Hotel Würzburg, Semmelstr. 28-30, ☎ 7800990, III-IV ☺ 0̲.̲5̲

🏩 Dortmunder Hof, Innerer Graben 22, ☎ 56163, III-IV 0̲.̲5̲

🏩 Ibis Wuerzburg City, Veitshöchheimer Str. 5b, ☎ 45220, IV 0̲.̲5̲

🏩 Regina, Haugerring 1, Bahnhofpl., ☎ 322390, III-IV 0̲

🏩 Schönleber, Theaterstr. 5, ☎ 3048900, III-IV 0̲.̲5̲

🏩 Till Eulenspiegel Nichtrauch-Hotel, Sanderstr. 1a, ☎ 355840, IV ☺ 0̲.̲5̲

🏩 Würzburger Hof, Barbarossapl. 2, ☎ 53814, IV-V 0̲.̲5̲

🏩 Zum Winzermännle, Domstr. 32, ☎ 54156, IV 0̲.̲5̲

🏠 Postkutscherl, Waldkugelweg 5, ☎ 781100, III-IV 1̲.̲5̲

🅿️ Burkardushaus - Tagungszentrum am Dom, Am Bruderhof 1, ☎ 38644000 0̲.̲5̲

🅿️ Siegel, Reisgrubeng. 7, ☎ 52941, II ✘ 0̲.̲5̲

🏨 Babelfish-Hostel, Haugerring 2, ☎ 3040430, II-III ☺ 0̲

🏨 Jugendherberge Würzburg, Fred-Joseph-Pl. 2, ☎ 4677860, II-III ☺ 0̲

🏨 Kalte Quelle, Winterhäuser Str. 160, ☎ 65598, I 6̲

🏨 Kanu-Club, Mergentheimer Str. 13b, ☎ 72536, I 1̲

🅂 Exerzitienhaus Himmelspforten, Mainaustr. 42, ☎ 38668000, IV ☺ 1̲.̲5̲

🚲 Bikestore, Wölffelstr. 1, ☎ 77039 0̲.̲5̲

🚲 Brand-Der Fahrradladen, Mainaustr. 50, ☎ 417741 0̲.̲5̲

🚲 Erthal-Sozialwerk, Sanderstr. 27, ☎ 3559739 0̲.̲5̲

🚲 King-Bike, Büttnerstr. 74, ☎ 30419978 0̲

🚲 Ludwig Körner, Bronnbacherg. 3, ☎ 52340 0̲.̲5̲

🚲 Radhaus Schuster, Raiffeisenstr. 3, ☎ 12338 1̲.̲5̲

🚲 Radl Shop Weis, Eisenbahnstr. 11a, ☎ 62032 3̲.̲5̲

🚲 Radlager Würzburg, Veitshöchheimer Str. 7c, ☎ 20591243 1̲.̲5̲

🚲 Run & Bike, Leistenstr. 3, ☎ 884225 0̲

🚲 Zweirad-Meyer, Handg. 7, ☎ 53307 1̲

🚲 Velo-Momber, Landwehrstr. 13, ☎ 12627 0̲

Höchberg

Vorwahl: 0931

ℹ️ Markt Höchberg, Hauptstr. 58, ☎ 497070 1̲

🏨 Lamm, Hauptstr. 76, ☎ 3045630, III-IV 1̲

🏠 Goldener Adler, Kister Str. 6, ☎ 48340, II 1̲

🚲 FXsports Fahrräder, Friedrich-Ebert-Str. 2, ☎ 4049632 0̲.̲5̲

Uettingen

Vorwahl: 09369

🏠 Fränkischer Landgasthof Heunisch, Marktheidenfelderstr. 3, ☎ 90 88 -0, III 0̲.̲5̲

🏠 Zur Alten Brauerei Zapf, Kirchpl. 2, ☎ 8221, II-III 0̲.̲5̲

Holzkirchen (Unterfranken)
Vorwahl: 09369

Gh Krone, Speckg. 2, ☎ 09369/1860, II 0.5

Dertingen (Wertheim)
Vorwahl: 09397

Fw **Winzerhof Baumann, Dorfgrabenweg 4, ☎ 794, II 0.5**

Pz Weingut Oesterlein, Am Oberen Tor 9, ☎ 259 0

Bettingen (Wertheim)
Vorwahl: 09342

Pz Diehm, Hauptstr. 33, ☎ 4057, I 0

Pz Knittel, Hotelstr. 7, ☎ 1617, ☎ 0173/6356947, II 0.5

Pz Langhof, Homburger Weg 4, ☎ 22248, I 0

Pz Wolz, Hauptstr. 22, ☎ 3660, II 0

120

A Campingpark Bettingen, Geiselbrunnweg 31, ☎ 7077 1

Urphar (Wertheim)
Vorwahl: 09342

A Campingplatz Urphar, Maintalstr. 4, ☎ 84320, ☎ 0172/8070320 0

Kreuzwertheim
Vorwahl: 09342

i Verwaltungsgemeinschaft, Lengfurter Str. 8, ☎ 926232, ☎ 926233 1

H In den Herrnwiesen, In den Herrnwiesen 2-4, ☎ 93130, IV 1

H Lindenhof, Lindenstr. 41, ☎ 91594-0, IV 1

Gh Zur Krone, Röttbacher Str. 32, ☎ 5301, III 4.5

Pz Baethke, Kaffelsteinweg 3, ☎ 1878, ☎ 23496, II 0.5

Pz Schemat, Ringstr. 16, ☎ 3541, ☎ 0171/6563571, II-I 1

Pz Streibich, Ahornweg 3, ☎ 6531, I 1

Wertheim
Vorwahl: 09342

i **Tourismus Region Wertheim GmbH, Gerberg. 16, ☎ 935090 0**

H Baunachshof, Friedleinsg. 2, ☎ 9153830, III 0

H Bronnbacher Hof, Mainpl. 10, ☎ 92540, III 0

H Hotel Kloster Bronnbach, Bronnbach 10, ☎ 935210 0.5

H Löwensteiner Hof, Bahnhofstr. 11, ☎ 1259, II-III 0.5

H Schwan, Mainpl. 8, ☎ 92330, III-V 0

H Tauberhotel Kette, Lindenstr. 14, ☎ 91800, III 0

H Wertheimer Stuben, Rechte Tauberstr. 2, ☎ 9357270, IV 0

Pz Altstadtresidenz, Rechte Tauberstr. 17, ☎ 09348/444, ☎ 0175/2987768, I 0

B Bike & Sports, Bahnhofstr. 29, Lothar Platz, ☎ 913161 0.5

B Zweiradfachgeschäft Baumann, Nebenneug. 5, ☎ 1214 0

Reicholzheim (Wertheim)
Vorwahl: 09342

H Martha, Am Felder 11, ☎ 7896, III-IV 0.5

Fw Villa Melusine, Am Rain 2, ☎ 9360266, ☎ 0170/2161967, II 1

A Campingplatz Forelle, Zum Ottersberg 14, ☎ 4435 0

Bronnbach (Wertheim)
Vorwahl: 09342

Gh Klosterhof, Bronnbach 1, ☎ 7316, II 0.5

Pz Gästehaus Bursariat, Bronnbach 9, ☎ 2021, III 0.5

Gamburg (Werbach)
Vorwahl: 09348

i Bürgermeisteramt Werbach, Hauptstr. 59, Werbach, ☎ 09341/92080 0.5

Gh Grüner Baum, Uissigheimer Str. 2, ☎ 222, II-III 0

P Gästehaus Martin, Bahnhofstr. 1, ☎ 660, ☎ 0160/1071741, I-II 0.5

Pz Lappel, Lindhelle 64, ☎ 635, I 0.5

Pz Ullrich, Lindhelle 6, ☎ 343, I 0.5

Niklashausen (Werbach)
Vorwahl: 09341

i Bürgermeisteramt Werbach, Hauptstr. 59, Werbach, ☎ 92080 0.5

Gh Zum Hirschen, Würzburger Str. 18, ☎ 09348/253, I 0

Pz Peterle, Hans-Schmidt Str. 10, ☎ 09348/218 0.5

Werbach
Vorwahl: 09341

i Bürgermeisteramt Werbach, Hauptstr. 59, ☎ 92080 0.5

H Belle Maison, Oberes Tor 7, ☎ 6005300, IV 0.5

Gh Drei Lilien, Hauptstr. 14, ☎ 7586, III 0.5

Pz Gästehaus Braun, Liebfrauenbrunnstr. 28, ☎ 898500, ☎ 2927, I 1

Hochhausen (Tauberbischofsheim)
Vorwahl: 09341

H Landhotel am Mühlenwörth, Schulg. 9, ☎ 95555, I-II 0.5

Fw Siehr, Flürlein 25, ☎ 5594, II 0.5

Impfingen (Tauberbischofsheim)
Vorwahl: 09341

P Pappler Stern, Taubertalstr. 3, ☎ 12468, ☎ 0175/9401592, II 1

Fw Steinbach, Leintalblick 2, ☎ 8969761, III 1

Tauberbischofsheim
Vorwahl: 09341

i Tourismusverband Liebliches Taubertal e.V., Gartenstr. 1, ☎ 825806 0

🛈 Tourist-Information, Marktpl. 8, 📞 80333, 📞 80313 0̲

Ⓗ Adlerhof, Bahnhofstr. 18, 📞 9440, III ☺ 0̲.̲5̲

Ⓗ Am Brenner, Goethestr. 10, 📞 92130, III ☺ 1̲

Ⓗ Badischer Hof, Hauptstr. 70, 📞 9880, II-III 0̲.̲5̲

Ⓗ St. Michael, Stammbergweg 1, 📞 84950, IV ☺ 1̲

Ⓗ Stein, Hauptstr. 67, Zwinger, 📞 3204, II ☺ 0̲

Ⓟz Meyer, Königheimer Str. 29, 📞 1596,
📞 0170/9918509, I 1̲

Ⓕw Arthur, Gerberg. 5, 📞 13793, I 0̲

Ⓑh Obst- und Pferdehof Dölzer, Königheimer Str. 85,
📞 2397, II 1̲.̲5̲

🚲 2-Rad Esser, Daimlerstr. 5, 📞 5118 0̲

🚲 Zweirad Schunder, Hauptstr. 96, 📞 5008 0̲.̲5̲

Dittigheim (Tauberbischofsheim)
Vorwahl: 09341

Ⓖh Gasthaus zum Engel, Untere Torstr. 28, 📞 5177, II 0̲

Ⓖh Grüner Baum, Rathauspl. 3-5, 📞 5162, II 0̲

Distelhausen (Tauberbischofsheim)
Vorwahl: 09341

Ⓗ Das kleine Amtshotel, Amtstr. 2, 📞 7888, IV 0̲.̲5̲

Lauda (Lauda-Königshofen)
Vorwahl: 09343

🛈 Tourist-Information Lauda-Königshofen, Marktpl. 1,
📞 501-5332 0̲

Ⓖh **Gasthof Goldener Stern, Pfarrstr. 23, 📞 1271, II** 0̲

Ⓗ Ratskeller, Josef-Schmitt Str. 17, 📞 6000715, II-III 0̲

Ⓕw Rebgut, Rebgutstr. 80, 📞 614700, V ☺ 1̲

Königshofen (Lauda-Königshofen)
Vorwahl: 09343

Ⓖh Moll's Wirtshaus „Die Rose", Turmbergstr. 9, 📞 1333,
II 0̲.̲5̲

Ⓟz Engel Gästehaus, Amalienstr. 7, 📞 8660, II ☺ 0̲.̲5̲

Ⓟz Gästehaus Bairle, Dekan-Schork Str. 18, 📞 58249, II 1̲

Ⓟz Mandt, Elsternweg 39, 📞 4590, I 1̲

Ⓟz Schäffner, Alban-Stolz-Str. 8, 📞 4994, II 🐾 1̲

Marbach (Lauda-Königshofen)
Vorwahl: 09343

Ⓖh Zum Lamm, St. Josef Str. 30, 📞 6154720, III 1̲.̲5̲

Beckstein (Lauda-Königshofen)
Vorwahl: 09343

🛈 Heimat- und Verkehrsverein Beckstein, Talwiesen-
str. 2, 📞 5000 1̲.̲5̲

Ⓗ Adler, Weinstr. 24, 📞 2071, III ☺ 1̲.̲5̲

Ⓗ Becksteiner Rebenhof, Am Hummelacker 34-52,

📞 62780, IV-V ☺ 1̲.̲5̲

Ⓗg Weinhotel Benz, Am Nonnenberg 12, 📞 998, IV-V
☺ 1̲.̲5̲

Ⓖh Zur Alten Kelter, Weinstr. 13, 📞 62370, II 1̲.̲5̲

Ⓟz Braun, Geisbergstr. 13, 📞 4751, 📞 0162/6253731, II 1̲.̲5̲

Ⓟz Michelbach, Am Hummelacker 5, 📞 4812,
📞 0172/2784008, II 1̲.̲5̲

Unterbalbach (Lauda-Königshofen)
Vorwahl: 09343

Ⓟz Niedermayer, Untere Mühlstr. 22, 📞 3624, I 0̲.̲5̲

Edelfingen (Bad Mergentheim)
Vorwahl: 07931

🛈 Tourist-Information, Marktpl. 1, Bad Mergentheim,
📞 574815 0̲

Ⓗ Edelfinger Hof, Landstr. 12, 📞 9580, IV-V 0̲

Ⓟz Gästezimmer an der Tauber Eich/Ulshöfer, Tauberstr. 13, 📞 8241, I 0̲

Dainbach (Bad Mergentheim)
Vorwahl: 07930

Ⓖh Zum Ross, Lindenpl. 5, 📞 07931/400, II 🐾 3̲

Bad Mergentheim
Vorwahl: 07931

🛈 Kurverwaltung Bad Mergentheim GmbH, Lothar-
Daiker Str. 4, 📞 9650 0̲.̲5̲

🛈 Tourist-Information, Marktpl. 1, 📞 574815 0̲

Ⓗ Alte Münze, Münzg. 12+14, 📞 5660, IV 0̲

Ⓗ Bundschu, Milchlingstr. 24, 📞 9330, IV 0̲.̲5̲

Ⓗ Central Vital, H.-H.-Ehrler-Pl. 38-40, 📞 964900, III-
IV 0̲.̲5̲

Ⓗ Das Schaffers, Edelfinger Str. 7, 📞 97120, IV-V ☺ 0̲.̲5̲

Ⓗ Deutschmeister, Ochseng. 7, 📞 9620, IV 0̲

Ⓗ Kippes, Erlenbachweg 14, 📞 7214, IV ☺ 0̲

Ⓗ Savoy Hotel, Erlenbachweg 17, 📞 5990, IV 0̲.̲5̲

Ⓗ Villa Karlsbad, Edelfinger Str. 6, 📞 9587958, IV 0̲

Ⓗ Vitalhotel König, Erlenbachweg 21, 📞 5440, III-IV ☺
0̲.̲5̲

Ⓗg Alexa, Edelfinger Str. 11-13, 📞 97270, IV-V ☺ 0̲

Ⓗg Stadthotel Miya, Wolfgangstr. 4-6, 📞 9611831, IV
☺ 0̲

Ⓟ Zeitler, Entengässle 4, 📞 7425, IV ☺ 0̲

Ⓟz Marianne Schmitt, Weinsteige 2, 📞 5430067, II 0̲

🏕 Campingplatz Bad Mergentheim, Willinger Tal 1,
📞 5329394 3̲

🚲 Mott Radwelt, Wilhelm-Frank Str. 82, 📞 52021 0̲.̲5̲

🚲 Sycoo e-bikes, Herrenwiesenstr. 23, 📞 4790282

Löffelstelzen (Bad Mergentheim)
Vorwahl: 07931

Ⓟ Gästehaus Stolz, Hohe Str. 11, 📞 8588, II-III 1̲.̲5̲

Stuppach (Bad Mergentheim)
Vorwahl: 07931

Ⓖh Zum Hirschen, Rengershäuser Str. 42, 📞 3386, II
☺ 5̲

Ⓖh Zur Rose, Grünewaldstr. 8, 📞 3304, III ☺ 5̲

Wachbach (Bad Mergentheim)
Vorwahl: 07931

Ⓖh Gasthaus Linde, Dorfstr. 118, 📞 43232, II-III 4̲.̲5̲

Igersheim
Vorwahl: 07931

🏛 Gemeinde Igersheim, Möhlerpl. 9, ✆ 4970 [0.5]

Gh Heckenwirt, Bad Mergentheimer Str. 26, ✆ 2348, I-II [0]

Gh Zum Löwen, Goldbachstr. 8, ✆ 2590, II [0.5]

P Dörr, Odenwaldstr. 4, ✆ 42279, I [3.5]

Markelsheim (Bad Mergentheim)

Vorwahl: 07931

🏛 Tourismusverein Markelsheim e.V., Hauptstr. 35, ✆ 43179 [0]

H Flair Hotel Weinstube Lochner, Hauptstr. 39, ✆ 9390, III-IV [0]

Gh Landgasthof Taubertal, Weikersheimer Str. 3, ✆ 90940, III [0]

P Hotelpension Gästehaus Birgit, Scheuerntorstr. 25, ✆ 90900, III-V ☻ [0]

Pz Schieser, Scheuerntorstr. 38, ✆ 90320, II-III ☻ [0]

Pz Gundling, Tauberbergstr. 11, ✆ 43461, II ☻ [0]

Pz Irene Peppel, Rathausg. 2, ✆ 45953, II [0]

Pz Margret, Knockstr. 5, ✆ 45691, II [0.5]

Pz Maria, Knockstr. 2, ✆ 41320, II [0.5]

Pz Marianne, Nonnenstr. 10, ✆ 42213, II [0.5]

Pz Mittnacht, Nonnenstr. 8, ✆ 45390, I [0.5]

Elpersheim (Weikersheim)

Vorwahl: 07934

Gh Zum Löwen, Deutschordenstr. 30, ✆ 990445, I [0]

Fw Schwarz, Tempelg. 22, ✆ 1359, I [0]

Weikersheim

Vorwahl: 07934

🏛 Tourist-Information, Marktpl. 7, ✆ 10255 [0]

H Laurentius, Marktpl. 5, ✆ 91080, IV-V [0]

Gh Krone, Hauptstr. 24, ✆ 8314, III ☻ [0]

Pz Haus Gutekunst, Lerchenweg 4, ✆ 247, ✆ 256104, II ☻ [0.5]

Pz Haus Sonnenweg, Hüttenweg 14, ✆ 8730, I-II [0.5]

Pz Lehr, Laudenbacher Str. 34, ✆ 7430, I [1]

Pz Muhler, Fasanenweg 15, ✆ 7125, ✆ 01754946099, I [1]

Pz Schönle, Hauptstr. 30, ✆ 8604, ✆ 0160/90248707, o.F., I [0]

Bh Georgshof, Neubronn 7, ✆ 7251, o.F., I [3.5]

🏠 Jugendgästehaus, Heiliges Wöhr 1, ✆ 993611, III [0]

🚲 Zweiradcenter Seyfer, Schäfersheimer Str. 44, ✆ 297 [0]

Schäftersheim (Weikersheim)

Vorwahl: 07934

Pz Halbritter, Am Hohlach 12, ✆ 8832, ✆ 01522/7784650, I [1]

Tauberrettersheim

Vorwahl: 09338

🏛 Gemeinde Tauberrettersheim, Judenhof 1, ✆ 462 [0]

Gh Krone, Mühlenstr. 6/7, ✆ 412, ✆ 99885, III [0]

Gh Landgasthof zum Hirschen, Mühlenstr. 1, ✆ 322, III [0]

Pz Diemer, Kirchstr. 10, ✆ 1332, II-III [0]

Röttingen

Vorwahl: 09338

🏛 Tourist-Information, Marktpl. 1, ✆ 972855 [0]

Gh Zur Alm, Herrnstr. 20, ✆ 980614, III [0.5]

P Gästehaus Hofmann, Strüther Str. 7, ✆ 9801010, III ☻ [0.5]

P Karl, Strüther Str. 1, ✆ 1418, II [0.5]

Fw Speidel, Strüther Str. 10, ✆ 1254, I-II [0.5]

Fw Weingut Engelhardt, Kirchpl. 18, ✆ 993500, I [0]

Bieberehren

Vorwahl: 09338

🏛 Gemeinde Bieberehren, Hauptstr. 16, ✆ 9805312 [0]

Pz Kemmer, Hohe Steige 4, ✆ 740, II-III [0.5]

Fw Kemmer-Faust, Röttinger Str. 1, ✆ 217, I-II [0.5]

Fw Sachs, Hohe Steige 26, ✆ 518, II [0.5]

Klingen (Bieberehren)

Vorwahl: 09338

Gh Zur Romatischen Straße, Klingen 28, ✆ 209, II [0]

Pz Haus Marlene, Am Berglein 2, ✆ 1212, I [0]

Creglingen

Vorwahl: 07933

🏛 Tourist-Information, Bad Mergentheimer Str. 14, ✆ 631 [0]

Gh Stadtverwaltung Creglingen, Torstr. 2, ✆ 7010 [0]

Gh Am Turm, Neue Str. 28, ✆ 7195, II ☻ [0]

Gh Grüner Baum, Torstr. 20, ✆ 618, II [0]

Gh Herrgottstal, Herrgottstal 13, ✆ 518, II-III [0]

Pz Gästehaus Rose, Klingener Str. 47, ✆ 7818, I [0]

Fw Tauber Lodge, Streichentaler Str. 2, ✆ 7009595, II ☻ [0.5]

Hh P Ferienpension Heuhotel, Weidenhof 1, ✆ 378, I-II [0]

🏠 Jugendherberge Creglingen, Erdbacher Str. 30, ✆ 336, II ☻ [0.5]

Münster (Creglingen)

Vorwahl: 07933

🏕 Romantische Straße, Münster 67, ✆ 20289 [0]

Craintal (Creglingen)

Vorwahl: 07933

Gh Ferienhaus Pfeiferhans, Craintal 7, ✆ 91010, II [0]

Gh Zur Post, Craintal 9, ✆ 422, II [0]

Pz Rosen und Ferienhaus Metzger, Craintal 69, ✆ 7201, II [0]

Archshofen (Creglingen)

Vorwahl: 07933

Gh Holdermühle, Archshofen 108, Am Radweg, ✆ 912317, II [0]

Pz Blechschmidt, Archshofen 85, ✆ 7891, II [0]

Tauberzell (Adelshofen (Mittelfranken))

Vorwahl: 09865

H Landhaus Zum Falken, Tauberzell 41, 𝄢 941940, II ☺ 0.5

Pz Ferienwohnungen Christel Knorr, Tauberzell 40, 𝄢 582, II 0.5

Fw Krauß, Tauberzell 8, 𝄢 07933/7003330 0

Tauberscheckenbach (Adelshofen (Mittelfranken))

Vorwahl: 09865

Pz Gästehaus Marie Holzinger, Tauberscheckenbach 3, 𝄢 1880, I-II 0.5

Bettwar (Steinsfeld)

Vorwahl: 09861

Gh Alte Schreinerei, Bettwar 52, 𝄢 1541, II-III 0

Detwang (Rothenburg ob der Tauber)

Vorwahl: 09861

i Tourismus Service, Marktpl. 2, Rothenburg ob der Tauber, 𝄢 404800 0

H Schwarzes Lamm, Detwang 21, 𝄢 6727, III 0

Gh Tauberstube, Detwang 15, 𝄢 4518, III 0

Pz Dorfmühle, Detwang 30, 𝄢 7479, II 0

A Tauber-Romantik, Detwang 39, 𝄢 6191 0

Rothenburg ob der Tauber

Vorwahl: 09861

i Tourismus Service, Marktpl. 2, 𝄢 404800 0

P Pension Becker, Roseng. 23, 𝄢 3560, I-II 0

H Altes Brauhaus, Wengg. 24, 𝄢 9780, IV-V 0

H Altfränkische Weinstuben, Klosterhof 7, 𝄢 6404, III-IV 0

H Am Siebersturm, Spitalg. 6, 𝄢 3355, III ☺ 0

H Bezold, Vorm Würzburger Tor 11, 𝄢 94760, III-IV 0

H BurgGartenpalais, Herrng. 26, 𝄢 8747430, IV-V 0

H Eisenhut, Herrng. 3-5/7, 𝄢 7050, IV-V 0

H Goldener Hirsch, Untere Schmiedg. 16, 𝄢 874990, III-V 0

H Goldenes Fass, Ansbacher Str. 39, 𝄢 94500, III-IV ☺ 0.5

H Hocher, Galgeng. 39, 𝄢 5006, II 0

H Klosterstüble, Herrng. 21, 𝄢 938890, III-IV 0

H Markusturm, Röderg. 1, 𝄢 94280, IV-V 0

H Merian, Ansbacher Str. 42, 𝄢 87590, III-IV 0.5

H Prinzhotel, An der Hofstatt 3, 𝄢 9750, IV-V ☺ 0

H Rappen, Vorm Würzburger Tor 6 u. 10, 𝄢 95710, III-IV ☺ 0

H Reichsküchenmeister, Kirchpl. 8, 𝄢 9700, III-V ☺ 0

H Roter Hahn, Obere Schmiedg. 21, 𝄢 9740, III-IV 0

H Rothenburger Hof, Bahnhofstr. 11-13, 𝄢 9730, III-IV 0

H Schranne, Schrannenpl. 6, 𝄢 95500, III-IV ☺ ⊛ 0.5

H Sonne, Hafeng. 11, 𝄢 2166, III 0

H Tilman Riemenschneider, Georgeng. 11-13, 𝄢 9790, IV-VI 0

H Villa Mittermeier, Vorm Würzburger Tor 7, 𝄢 94540, III-IV ☺ 0

Hg Gerberhaus, Spitalg. 25, 𝄢 94900, III-IV 0

Hg Goldene Rose, Spitalg. 28, 𝄢 4638, III-VI ☺ 0

Hg Hornburg, Hornburgweg 28, 𝄢 8480, IV 0

Hg Kreuzerhof, Millerg. 2-6, 𝄢 3424, III ☺ 0.5

Hg Spitzweg, Paradeisg. 2, 𝄢 94290, III-IV 0

Hg Uhl, Plönlein 8, 𝄢 4895, III-IV 0

Hg Wildbad, Taubentalweg 42, 𝄢 9770 0

Gh Alter Keller, Alter Keller 8, 𝄢 2268, III 0

Gh Bayerischer Hof, Ansbacher Str. 21, 𝄢 6063, 𝄢 3457, II-III 0

Gh Goldener Greifen, Obere Schmiedg. 5, 𝄢 2281, III-IV ☺ 0

Gh Hofmann-Schmölzer, Roseng. 21, 𝄢 3371, III ☺ 0

Gh Marktplatz, Grüner Markt 10, 𝄢 6722, II 0

Gh Post, Ansbacher Str. 27, 𝄢 938880, II-III 0

Gh Rödertor, Ansbacher Str. 7, 𝄢 2022, III 0

Gh Spätzle Schwob, Milchmarkt 6, 𝄢 6003, II-III 0

Gh Zum Breiterle, Röderg. 30, 𝄢 6730, III 0

P Alex, Goethestr. 2, 𝄢 8738680, I-II 0.5

P Am Heckenacker, Heckenackerstr. 31, 𝄢 4586, II-III 0.5

P Birgt, Wengg. 16, 𝄢 6107, 𝄢 0151/70234539, I 0

P Eberlein, Winterbachstr. 4, 𝄢 4672, II-III 0.5

P Elke, Röderg. 6, 𝄢 2331, II-III 0

P Götz, Schumannstr. 4, 𝄢 4217, I 1

P Götz, Schuhmannstr. 4, 𝄢 4217 1

P Herrnmühle, Taubertalweg 54, 𝄢 2176, II 0

P Heß - Das Lädle, Spitalg. 18, 𝄢 6130, II 0

P Liebler, Pfäffleinsgässchen 10, 𝄢 709215, o.F., I-II 0

P Raidel, Wengg. 3, 𝄢 3115, II 0

P Schrenker, Taubertalweg 58, 𝄢 1617, I ✂ 0

Pz Fröhlich, Deutschherrng. 3, 𝄢 709709, 𝄢 017643837166, II 0

Pz Haus Karin, Hans-Sachs-Str. 26, 𝄢 3962, II 0.5

Pz Pianka, Schlachthofstr. 27, ✆ 4547, I ⚑ 0.5
🏠 Rossmühle und Spitalhof, Mühlacker 1, ✆ 94160, II ☺ 0
Fahrradhaus Krauß, Ansbacher Str. 85, ✆ 3495 0.5
Rad&Tat, Bensenstr. 17, ✆ 87984 0.5

Gebsattel
Vorwahl: 09861
Gh Lamm, Schlossstr. 4, ✆ 8968, I ☺ 0
Gh Schwarzer Adler, Kirchdorfstr. 4, ✆ 2626, II 0
P Rank, Ahornweg 5, ✆ 8954, II 0.5
Pz Christ, Beckerg. 7, ✆ 6452, I 0
Fw Ferienhof Rohn, Pleikartshof 3, ✆ 2742, I 3

Diebach
Vorwahl: 09868
Gh Zur Post, Hauptstr. 5, ✆ 385, I-II 0.5
Bh Ferienhof Am Mühlbuck, Seemühle 1, ✆ 5617, II ☺ 0.5

Unteroestheim (Diebach)
Vorwahl: 09868
Gh Landgasthof Schwarzer Adler, Würzburger Str. 8, ✆ 845, II 0

Schillingsfürst
Vorwahl: 09868
i Info-Center, Rothenburger Str. 2, ✆ 222 0
i Stadt Schillingsfürst, Anton-Roth-Weg 9, ✆ 9339700 0
Gh Die Post, Rothenburger Str. 1, ✆ 9500, IV ☺ 0
H Zapf Wörnitzquelle, Dombühlerstr. 9, ✆ 5029, III 0.5
Gh Adler, Am Markt 8, ✆ 1411, III 0

Pz Kellermann, Hohneloher Str. 6, ✆ 93890, I 0
Bh Thiergartenhof Connemaras, Thiergartenhof 1, ✆ 7321, II ⚑ 0.5

Dombühl
Vorwahl: 09868
Gh Gemeinde Dombühl, Am Markt 2, ✆ 9341582 2
Gh St. Veiter Stuben, Bahnhofstr. 45, ✆ 356, II 1.5
Gh Zur Linde, Bortenerg 4, ✆ 412, III 0
Pz Kirchbuckblick, Bahnhofstr. 12, ✆ 1612, II 2

Vehlberg (Aurach)
Vorwahl: 09804
H Hotel Wender, Dorfstr. 10, ✆ 91100, III

Feuchtwangen
Vorwahl: 09852
i Tourist-Information, Marktpl. 1, ✆ 90455 0
H Gasthof Lamm, Marktpl. 5, ✆ 2500, III-IV 0
H Romantik-Hotel Greifen-Post, Marktpl. 8, ✆ 6800, IV-V 0
Gh Gasthof Wilder Mann, Alter Ansbacher Berg 2, ✆ 719, II 0.5
Gh Platamon, Ringstr. 57, ✆ 703335, 610861, III 0
Gh Schöllmann, Ringstr. 54, ✆ 2960, III ☺ 0
Gh Sindel-Buckel mit Karpfenhotel, Spitalstr. 28, ✆ 2594, I-III ☺ 0
Gh Walkmühle, Walkmühle 1, ✆ 67999-0, III ☺ 1
Gh Zur Tenne, Bernau 3, ✆ 2438, II-III 1.5
P Krobshäuser Mühle, Krobshäuser Mühle 1, ✆ 2489, II ☺ 0.5
P Zur Linde, Vorderbreitenthann 122, ✆ 4789, II 2

🏠 Jugendherberge Feuchtwangen, Dr.-Hans-Güth-lein-Weg 1, ✆ 670990, I-II 0

Thürnhofen (Feuchtwangen)
Vorwahl: 09855
Gh Zum Grünen Wald, Thürnhofen 28, ✆ 97970, II 0

Wehlmäusel (Feuchtwangen)
Vorwahl: 09852
Gh Am Forst, Wehlmäusel 7, ✆ 514, I-III 0

Schopfloch
Vorwahl: 09857
P Pension Masurek, Bennostr. 18, ✆ 216, III 0.5

Dinkelsbühl
Vorwahl: 09851
i Touristik Service Dinkelsbühl, Altrathauspl. 14,

✆ 902440 0
H **Haus Appelberg, Nördlinger Str. 40, ✆ 582838, III 0**
H Deutsches Haus, Weinmarkt 3, ✆ 6058, III-IV 0
H Dinkelsbühler Kunst-Stuben, Segringer Str. 52, ✆ 6750, II-III 0
H Eisenkrug, Dr.-Martin-Luther-Str. 1, ✆ 57700, II-III 0
H Flair Hotel Weisses Ross, Steing. 12, ✆ 579890, III-IV ☺ 0
H Goldene Rose, Marktpl. 4, ✆ 57750, III-V ☺ 0
H Hezelhof, Segringer Str. 7, ✆ 555420, IV 0
H Piazza, Segringer Str. 8, ✆ 8998816, III-IV 0
H Romantica Hotel Blauer Hecht, Schweinemarkt 1, ✆ 589980, III 0.5
H Vital-Hotel Meiser, Weinmarkt 10, ✆ 582900, III-IV 0
Hg Fränkischer Hof, Nördlinger Str. 10, ✆ 57900, III 0
Hg Georg Marschall-Haus, Russelbergg. 12, ✆ 5899860, II-III 0
Gh Dinkelsbühler Hof, Ellwanger Str. 5, ✆ 7383, III 0.5
Gh Goldener Hirsch, Weinmarkt 6, ✆ 2347, II 0
Gh Goldenes Lamm, Lange G. 26/28, ✆ 2267, III-IV 0
Gh Weib's Brauhaus, Untere Schmiedg. 13, ✆ 579490, III 0
P Baumeisterhaus, Schäfergässlein 4, ✆ 550866, 582648, 0171/935 06 60, III 0
Pz Feurer, Schelbuckring 33, ✆ 582254, I 0.5
Pz Gockner, Veilchenweg 5, ✆ 3295, II-III 1
Pz Marx, Hans-Behringer-Str. 7, ✆ 2962, I-II 0
Pz Walter, Russelbergg. 13, ✆ 3419, I 0
Pz Zollhöfer, Siebenbürgenstr. 14, ✆ 3402, I-II 0.5

Fw Krönert, Guerandestr. 7, ☎ 3141, II $\overline{0.5}$

Ca DCC-Campingpark Romantische Straße, Kobeltsmühle 6, ☎ 7817 $\overline{1}$

Za Radsport Schmidt, Danziger Str. 15, ☎ 3792 $\overline{1}$

Jgh Jugendherberge Dinkelsbühl, Koppeng. 10, Jugendherberge, ☎ 5556417. auch E-Bike Verleih $\overline{0.5}$

Segringen (Dinkelsbühl)
Vorwahl: 09851

Gh Gasthaus Dollinger, Segringen 49, ☎ 2809 $\overline{2.5}$

Neustädtlein (Dinkelsbühl)
Vorwahl: 09851

Gh Zur Linde, Neustädtlein 7, ☎ 3465, I-II $\overline{0.5}$

Mönchsroth
Vorwahl: 09853

LANDGASTHOF FELSENKELLER
Familie Schlosser

bett + bike
adfc

Biergarten · Sonnenterrasse · Herrliche
Aussicht · Gerichte für Vegetarier &
Fleischfreunde · Gemütliche Zimmer
· Kostenfreies WLAN

Dinkelsbühler Str. 7 · 91614 Mönchsroth
Tel.: 09853 1624
info@landgasthof-felsenkeller.de
www.landgasthof-felsenkeller.de

---

i Gemeinde Mönchsroth, Hauptstr. 2, ☎ 1634 $\overline{0.5}$

Gh **Gasthof Felsenkeller, Dinkelsbühler Str. 7, ☎ 1624, II-III** ☺ $\overline{0}$

P Hutzelhof, Wittenbacher Str. 4, ☎ 1733, II $\overline{0}$

Wilburgstetten
Vorwahl: 09853

i Verkehrsamt, Alte Schulstr. 8, ☎ 3800-0 $\overline{2}$

Fremdingen
Vorwahl: 09086

i Gemeinde Fremdingen, Kirchberg 1, ☎ 92003-0 $\overline{0}$

Raustetten (Fremdingen)
Vorwahl: 09086

Gh Gasthof & Restaurant Jägerblick, Raustetten 10, ☎ 314, II $\overline{1.5}$

Gh Waldeck, Raustetten 12, ☎ 230, II $\overline{1.5}$

Maihingen
Vorwahl: 09087

i Gemeinde Maihingen, Josef-Haas-Str. 2, ☎ 310 $\overline{0.5}$

Gh Zur Klosterschenke, Klosterhof 6, ☎ 319, I-II $\overline{0}$

Wallerstein
Vorwahl: 09081

i Markt Wallerstein, Weinstr. 19, ☎ 27600 $\overline{0}$

Gh Fürstlicher Keller, Berg 78, ☎ 275909, II $\overline{0.5}$

Pz Hueber, Mittelstr. 15, ☎ 7144, I $\overline{0.5}$

Baldingen (Nördlingen)
Vorwahl: 09081

Gh Zum Storchen, Romantische Str. 22, ☎ 3233, II $\overline{0}$

Nördlingen
Vorwahl: 09081

---

i Tourist-Information, Marktpl. 2, ☎ 84116, ☎ 84216 $\overline{0}$

H 2nd Home Hotel, Luntenbuck 9, ☎ 2729330, V-VI

H Arthotel ANA Flair, Bgm.-Reiger-Str. 14, ☎ 290030, III-IV $\overline{0.5}$

H Goldene Rose, Baldinger Str. 42, ☎ 86019, II $\overline{0}$

H Hotel-Cafe-Konditorei Altreuter, Marktpl. 11, ☎ 4319, II $\overline{0}$

H Kaiserhof Hotel Sonne, Marktpl. 3, ☎ 5067, III ☺ $\overline{0}$

H NH Klösterle, Beim Klösterle 1, ☎ 87080, IV $\overline{0}$

H ibis Styles Nördlingen, Maria-Penn-Str. 5, ☎ 2793000, V

Gh Goldener Schlüssel, Augsburger Str. 24, ☎ 3581, ☎ 0160/94573356, II $\overline{0.5}$

Gh Walfisch, Hallg. 15, ☎ 3107, II $\overline{0}$

Gh Wengers Brettl, Löpsinger Str. 27, ☎ 88282, III $\overline{0.5}$

B&B Unter den Linden, Oskar-Mayer-Str. 34, ☎ 273116, V

Ca JUFA Nördlingen im Ries, Bleichgraben 3a, ☎ 2908390, III ☺ $\overline{0.5}$

Mönchsdeggingen
Vorwahl: 09088

Gh Am Buchberg, Albstr. 36, ☎ 700, II $\overline{1.5}$

Ronheim (Harburg)
Vorwahl: 09080

Gh Gemütliche Einkehr, Ronheim 13, ☎ 1260, I-II $\overline{0}$

Harburg
Vorwahl: 09080

i Stadt Harburg, Schlossstr. 1, ☎ 96990 $\overline{0.5}$

H Fürstliche Burgschenke, Burgstr. 1, ☎ 1504, II $\overline{0.5}$

H Zum Straußen, Marktpl. 2, ☎ 1398, II-III $\overline{0.5}$

Gh Zum Goldenen Lamm, Marktpl. 15, ☎ 1422, II $\overline{0.5}$

P Pension Moserhaus, Marktpl. 5 und 7, ☎ 923742, ☎ 419, II $\overline{0.5}$

Wörnitzstein (Donauwörth)
Vorwahl: 0906

H Zum Schmidbaur, Zollernweg 2, ☎ 706220, III $\overline{0.5}$

Donauwörth
Vorwahl: 0906

i Städt. Tourist-Information, Rathausg. 1, ☎ 789151 $\overline{0}$

H Donau, Augsburger Str. 6, ☎ 7006042, III-IV ☺ $\overline{0.5}$

H Posthotel Traube, Kapellstr. 14-16, ☎ 706440, III-IV $\overline{0.5}$

H Zu den Drei Kronen, Bahnhofstr. 25, ☎ 706170, IV $\overline{0.5}$

H Zur Promenade, Spindeltal 3, ☎ 70593440, III-IV $\overline{0}$

H Goldener Greifen, Pflegstr. 15, ☎ 7058260, III-IV $\overline{0}$

Gh Buena Vista, Hindenburgstr. 29, ☎ 9998825, III $\overline{0}$

Gh Goldener Hirsch, Reichsstr. 44, ☎ 3124, III $\overline{0.5}$

P Engelkeller, Zirgesheimer Str. 34, ☎ 9303570, III-V $\overline{0}$

P Haus Gertrud, Johannes-Traber-Str. 5, ☎ 5720, II $\overline{0.5}$

B&B Jünger, Schützenring 8, ☎ 7057871, ☎ 0151/61323017, II $\overline{0.5}$

Fw Danubio - Tagen-Feiern-Schlafen, Schützenring 10, ☎ 01777/167683 ☺ $\overline{0.5}$

Ca Zeltmöglichkeit beim Kanu-Club, An der Westspange, ☎ 22605, ☎ 0170/1866165, I $\overline{0.5}$

Za Top Bike Brachem, Kapellstr. 25, ☎ 8077 $\overline{0}$

Za Zwei-Rad Uhl, Dillinger Str. 57, ☎ 9816060 $\overline{1}$

Berg (Donauwörth)
Vorwahl: 0906

🏠 Jugendherberge Donauwörth, Goethestr. 10, ☎ 5158, II ⎯ 0.5

Riedlingen (Donauwörth)
Vorwahl: 0906
Ⓟ Sonnenhof, Sandacker 14, ☎ 1240, ☎ 5669, II Ī
Ⓟ Degginger, Posthof 2a, ☎ 28418, II 1.5

Parkstadt (Donauwörth)
Vorwahl: 0906
Ⓗ Parkhotel, Sternschanzenstr. 1, ☎ 706510, IV 0.5
Ⓗ Zum Deutschmeister, Hochbruckerstr. 2, ☎ 8095, III 2̄
Ⓗ M&s, Andreas-Mayr-Str. 11, ☎ 4039, III 1.5

Zirgesheim (Donauwörth)
Vorwahl: 0906
Ⓗ **Mayer, Schenkensteiner Str. 9, ☎ 706690, III** 0.5
Ⓟ Leberle, Schießerhof 1, ☎ 1323, II 2̄
Ⓟ Mebes, Lederstätterstr. 6, ☎ 22035, II 0.5

Altisheim (Kaisheim)
Vorwahl: 09099
Ⓖ Grünenwald, Hopfenweg 4, ☎ 09097/266 0̄
Ⓟ Steidle, Donaustr. 34, ☎ 09097/1212 0̄

Leitheim (Kaisheim)
Vorwahl: 09097
Ⓗ Schloss Leitheim, Schlossstr. 1, ☎ 485980, V 0̄

Graisbach (Marxheim)
Vorwahl: 09097
Ⓕ Graf-Reisach, Graf-Reisach-Str. 13, ☎ 251, II–III 0.5

Marxheim
Vorwahl: 09097

Ⓖ Bruckwirtschaft, Flößerstr. 8, ☎ 920435, ☎ 0176/49505965, II 0̄
Ⓖ Land-Steakhaus Bürger, Bayernstr. 16, ☎ 239, ☎ 0171/7576785, III–II 0̄
Ⓟ Schütz, Pfalzstr. 10, ☎ 1047 0̄

Rain
Vorwahl: 09090
ℹ Stadt Rain, Hauptstr. 60, ☎ 703-333 0̄
Ⓗ Dehner Blumen Hotel, Bahnhofstr. 19, ☎ 760, III–IV 0̄
Ⓗ Lutz, Hauptstr. 52, ☎ 7057100, III 0̄
Ⓖ Hotel-Gasthaus Zum Boarn, Hauptstr. 26, ☎ /96010, III 0̄

Oberndorf am Lech
Vorwahl: 09090
Ⓟ Am Mühlbach, Fischerstr. 8, ☎ 4396, II 0.5

Holzen (Allmannshofen)
Vorwahl: 08273
Ⓗ Kloster Holzen, Klosterstr. 1, ☎ 99590, IV–V ⊙ 0.5

Ellgau
Vorwahl: 08273
Ⓟ Wagner, Lechfeldstr. 4, ☎ 2414, I–II 3.5
Ⓟ Eberhardt, Hauptstr. 64a, ☎ 2374 3.5

Biberbach
Vorwahl: 08271
Ⓖ Gasthof Huckerwirt, Am Kirchberg 18, ☎ 2933, II ⊙ 0̄
Ⓖ Magg, Hauptstr. 8, ☎ 2910, II–III ⊙ 0̄

Langweid am Lech
Vorwahl: 08230
ℹ Gemeinde Langweid am Lech, Augsburger Str. 20, ☎ 84000 0̄
Ⓖ Landhaus Sonnenhof, Augsburger Str. 33, ☎ 840440, III 0̄
Ⓟ Langweider Stuben, Dillinger Str. 1, ☎ 690322, ☎ 0151/29808740, II–III ⊙ 0.5
🚲 Bike- und Radsport, Zugspitzstr. 1, ☎ 6321 0̄

Gersthofen
Vorwahl: 0821
ℹ Stadt Gersthofen, Rathauspl. 1, ☎ 2491-0 Ī
Ⓗ Stadthotel Gersthofen, Bahnhofstr. 6, ☎ 4401920, III–IV Ī
🚲 2-Rad Hafner, Donauwörther Str. 24a, ☎ 491568 Ī
🚲 Radsport Dorn, Röntgenstr. 2, ☎ 441994 Ī
🚲 bike'n fun Gersthofen, Dieselstr. 20, ☎ 421470 2̄

Augsburg
Vorwahl: 0821
ℹ Tourismusverband Allgäu/Bayerisch-Schwaben, Schießgrabenstr. 14, ☎ 4504010 0.5
ℹ Tourist-Information, Am Rathauspl. 1, ☎ 502070 0̄
Ⓗ Alpenhof Ringhotel, Donauwörther Str. 233, ☎ 42040, IV–V Ī
Ⓗ Altstadthotel Augsburg, Kapuzinerg. 6, ☎ 59747370, IV 0̄
Ⓗ Augsburger Hof, Auf dem Kreuz 2, ☎ 343050, III–IV 0̄
Ⓗ Augusta, Ludwigstr. 2, ☎ 50140, IV 0.5
Ⓗ B&B Hotel, Haunstetter Str. 68, ☎ 498120, III 2̄

Ⓗ Dorint, Imhofstr. 12, ☎ 59740, III Ī
Ⓗ Goldener Falke, Neuhäuserstr. 10, ☎ 411957, III 1.5
Ⓗ Ⓗ Grandhotel Cosmopolis, Springergässchen 5, ☎ 45082411, II–V ⊙ 1.5
Ⓗ Haus Sankt Ulrich, Kappelberg 1, ☎ 31520, IV 0̄
Ⓗ Ibis, Hermannstr. 25, ☎ 50310, IV 0.5
Ⓗ Ibis Budget Augsburg City, Holzbachstr. 2a, ☎ 90898870, II ⊙ 1.5
Ⓗ InterCityHotel, Halderstr. 29, ☎ 50390, III Ī
Ⓗ Langemarck, Langemarckstr. 36, ☎ 240930, II 2.5
Ⓗ Lochbrunner, Karlstr. 15, ☎ 502120, IV 0̄
Ⓗ Ost Am Kö, Fuggerstr. 4-6, Königspl, ☎ 502040, IV–V ⊙ 0.5
Ⓗ Quality Hotel Augsburg, Kurt-Schumacher-Str. 6, ☎ 79440, III–IV 0.5
Ⓗ Riegele, Viktoria Str. 4, ☎ 509000, III–V Ī
Ⓗ Stadthotel, Gögginger Str. 39, ☎ 578077, III–IV Ī
Ⓗ Steigenberger Drei Mohren, Maximilianstr. 40, ☎ 50360, V–VI 0̄
Ⓗ das hotel am alten park, Frölichstr. 17, ☎ 45010, IV–V Ī
Ⓗ Am Rathaus, Am Hinteren Perlachberg 1, ☎ 346490, IV–V 0̄
Ⓗ Arthotel Ana Gold, Nanette-Streicher-Str. 4, ☎ 906040, III 2.5
Ⓗ Dom Hotel, Frauentorstr. 8, ☎ 343930, III–IV ⊙ 0̄
Ⓗ Ibis Augsburg Hauptbahnhof, Halderstr. 25, ☎ 50160, III Ī
Ⓖ Bio Hotel Bayerischer Wirt, Neuburger Str. 122, ☎ 7909750, IV Ī

Gh Zum Ochsen, Klausenberg 2, ☎ 90679990, II-III 3.5
P Herrenhäuser, Georgenstr. 6, ☎ 3463173, ☎ 0171/4292906, II 0
P Linderhof, Aspernstr. 38, ☎ 713016, II 0.5
Ho Übernacht, Karlstr. 4, ☎ 45542828, III 0
Jh Jugendherberge, Unterer Graben 6, ☎ 7808890, III 0.5
A Bella Augusta, Mühlhauserstr. 54b, Autobahnausfahrt Augsburg-Ost, ☎ 707575 2.5
Z Böhm Fahrradland, Inninger Str. 105, ☎ 87422 2.5
Z Fahrrad Salcher, Klausenberg 8b, ☎ 96737 3
Z Fahrrad-Schmiede, Georgenstr. 3, ☎ 450 96 22 0
Z Fahrradladen Dynamo, Oberer Graben 27, ☎ 30883 0
Z Fahrradladen Lechhausen, Waterloostr. 2-4, ☎ 2722254 0.5
Z Fahrradladen-Pfersee, Augsburger Str. 1 1/2, ☎ 523583 1.5
Z Fahrradzentrale, Memminger Str. 7, ☎ 583311 1.5
Z Hans Härter, Schmiedberg 1, ☎ 519440 0
Z OPTImalRAD, Friedberger Str. 135, ☎ 667466 0.5
Z Radstation, Halderstr. 29, ☎ 455 11 99. E-Räder Verleih 1
Z Rudi's Radleck, Habsburgstr. 3, ☎ 4180907 4
Z TRI-Condition, Stadtberger Str. 32, ☎ 542212 2.5
Z Zweirad Dreste, Friedbergerstr. 107, ☎ 61673 0.5
Z Zweirad Weyer, Bgm-Aurnhammer-Str. 53, ☎ 91116 4
Z e-bike Center, Luther-King-Str. 4, ☎ 44806197 2.5

Haunstetten (Augsburg)
Vorwahl: 0821
H Arthotel Ana Style, Bgm.-Widmeier-Str. 54-56, ☎ 80770, III 1

Friedberg
Vorwahl: 0821
i Touristinformation, Marienpl. 5, ☎ 6002451 0
Gh Brauereigasthof St. Afra im Felde, Afrastr. 144, ☎ 6089150, IV 0
H Kussmühle, Pappelweg 14, ☎ 267580, III 0.5
H Park Ambiente Friedberg, Probststr. 14, ☎ 44823497, III 0.5
H Zum Brunnen, Bauernbräustr. 4, ☎ 600920, III-V 0
Gh Kreisi, Herrgottsruhstr. 18, ☎ 2679000, III 0.5
Gh Landgasthof Lindermayr, St. Stefan Str. 53, ☎ 783412, III 4.5
P Hefele, Meringer Str. 9, ☎ 665552, ☎ 0176/48067103, I 0.5
Pz Pension Waltner, Bauernbräustr. 2, ☎ 4555847, IV 0

Königsbrunn
Vorwahl: 08231
i Kulturbüro, Marktpl. 9, ☎ 606260 2.5
i Rathaus, Marktpl. 7, ☎ 6060 2.5
H Zeller, Bgm.-Wohlfarth-Str. 78, ☎ 9960, III-IV 3
H Am Europaplatz, Rathausstr. 2, ☎ 301950, III-IV 2.5
Hg Königsbrunner Hof, Haunstetter Str. 2, ☎ 5088, III 1.5

Kaufering
Vorwahl: 08191

Gh Zur Brücke, Brückenring 1, ☎ 6571180, III 0
H Rid, Bahnhofstr. 24, ☎ 6580, III 0.5
Z Radsport Zimmer, Viktor-Frankl-Str. 1a, ☎ 70491 0

Landsberg am Lech
Vorwahl: 08191
i Tourist-Information, Hauptpl. 152, im Rathaus, ☎ 128246, ☎ 128245 0
H Arthotel ANA Goggl, Hubert von Herkomer Str. 19/20, ☎ 3240, III-IV 0
H Landsberger Hof, Weilheimer Str. 5, ☎ 32020, III-IV 0.5
Hg Landhotel Endhart, Erpftinger Str. 19, ☎ 92930, III-V 1
Hg Stadthotel Garni Augsburger Hof, Schlosserg. 378, ☎ 969596, III 0

Hg Vienna House Easy, Graf-Zeppelin-Str. 6, ☎ 92900, III-IV ⓪

Gh Schafbräu, Hinterer Anger 338, ☎ 4920, III ⓪

Gh Waitzinger Bräu, Waitzinger Wiese 2, ☎ 922678, III ⓪

Gh Zum Mohren, Hauptpl. 148, ☎ 9694700, III ⓪

Büb Gästehaus Vortanz, Spitalfeldstr. 22, ☎ 4011883, ☎ 0176/77282530, I ①

Bh Arnhard, Schwiftingerstr. 42, ☎ 5146, III ②

Ⓐ Campingplatz, Pössinger Au 1, ☎ 47505 0.5

Radl-Spaß, Saarburgstr. 1, ☎ 33818 0.5

Pitzling (Landsberg am Lech)
Vorwahl: 08191

P Aufeld, Aufeldstr. 3, ☎ 94750, III ⓪

Epfach (Denklingen)
Vorwahl: 08869

i Gemeinde Denklingen, Hauptstr. 23, Denklingen, ☎ 96010 4.5

Kinsau
Vorwahl: 08869

Gh Schlosswirtschaft, Herzogstr. 3, ☎ 921258 ⓪

Bh Lechtalerhof, Herzogstr. 20, ☎ 9129906, ☎ 0178/2384621, o.F., III 0.5

Hohenfurch
Vorwahl: 08861

i Tourismus-Information, Hauptpl. 7, ☎ 9081798 ⓪

H Negele, Hauptpl. 2, ☎ 2416033, II ⓪

P Gästehaus Götz, Bräuweg 1, ☎ 8593, I-II ⓪

Bh Nuscheler, Talhof 1, ☎ 4965, I-II ⓪

Bh Ponyhof Kögl, Schongauer Str. 24, ☎ 8108, I-II ①

Altenstadt
Vorwahl: 08861

i Gemeinde Altenstadt, Marienpl. 2, ☎ 2300-0 ⓪

Gh Janser, Burgstr. 2, ☎ 221726, III 0.5

Schongau
Vorwahl: 08861

i Tourismusverband Pfaffenwinkel, Bauerng. 5, ☎ 2113200 ⓪

i Tourist-Information Schongau, Münzstr. 1-3, ☎ 214181 ⓪

H Alte Post, Marienpl. 19, ☎ 23200, III-IV ⓪

H Blaue Traube, Münzstr. 10, ☎ 3060, ☎ 90329, III ⓪

H Holl, Altenstädter Str. 39, ☎ 23310, IV ☺ 0.5

Hg Rössle, Christophstr. 49, ☎ 23050, III ⓪

Berg- & Radsport Lerf, Am Lerchenfeld 6, ☎ 2664 1.5

Erhart's Bike-Shop, Kiem-Pauli-Str. 2, ☎ 9336326 0.5

Tandem-Fahrräder, Münzstr. 31, ☎ 1704 0.5

Peiting
Vorwahl: 08861

i Tourist-Information, Hauptplatz 4, ☎ 59961 ⓪

H Alpenhotel Pfaffenwinkel, Hauptpl. 10, ☎ 25260, III ⓪

H Dragoner, Ammergauer Str. 11, ☎ 25070, III 0.5

Gh Buchberger, Füssener Str. 2, ☎ 6266, III ⓪

Gh Zechenschenke, Zechenstr. 2, ☎ 68164, ☎ 0157/54807980, II ②

Gh Zum Keppeler, Hauptpl. 15, ☎ 6201, III ⓪

Radsport Sailer, Ammergauer Str. 1, ☎ 6379 0.5

Rottenbuch
Vorwahl: 08867

i Tourist-Information, Klosterhof 42, ☎ 911018

P Kunstcafe am Tor, Klosterhof 1, ☎ 921040, ☺ ⑦

Pz Donderer, Franz-von-Heeren-Str. 1, ☎ 266, II ⑦

Pz Gänse-Blümchen, Augustinerstr. 6, ☎ 1570, ☎ 0170/7375133, II ⑦

Pz Gästehaus Heiland, Weihanger 34, ☎ 1364, ☎ 0151/56326544, I ⑦

Pz Gästehaus Iglhaut, Weihanger 8, ☎ 8212, I ⑦

Pz Schratt, Ziegelfeld 4, ☎ 707, II ⑥

Ⓐ Terrassen-Camping Am Richterbichl, Solder 1, ☎ 1500 ☺ ⑦

Steingaden
Vorwahl: 08862

i Tourist-Information, Krankenhausstr. 1, ☎ 200 ⓪

Gh Graf, Schongauer Str. 15, ☎ 246, III ⓪

Gh Zur Post, Marktpl. 1, ☎ 203, II ⓪

Bh Scholderhof, Wies 8, ☎ 468, III ⓪

Wildsteig
Vorwahl: 08867

i Tourist-Information, Kirchbergstr. 20a, ☎ 912400 ③

Gh Landhotel & Gasthof Zur Post, Kirchbergstr. 43, ☎ 221, III-IV 3.5

Gh Zum Strauß, Riedstr. 16, ☎ 372, III 3.5

P Ferienhof Muselmühle, Steingadener Str. 21, ☎ 913296, II ③

P Oswald Martin, Wiesweg 13, ☎ 370, II ♿ ③

Unterreithen (Halblech)
Vorwahl: 08368

Gh Sera, Unterreithen 1, ☎ 01578/7662707, o.F., II ⓪

Trauchgau (Halblech)
Vorwahl: 08368

i Gästeinformation, Dorfstr. 18, Rathaus, ☎ 9122222 0.5

Gh Sonnenbichl, Sonnenbichl 1, ☎ 91330, III-IV ☺ 0.5

Gh Hirsch, Kirchpl. 2, ☎ 274, II-III ☺ ⓪

Pz Büchl, Branntweing. 9, ☎ 676, I 0.5

Pz Romeder, Allgäuer Str. 8, ☎ 656, I ♿ 0.5

Halblech
Vorwahl: 08368

P Driendl, Kapellenweg 31, ☎ 1768, II 0.5

Pz Haslach, Kapellenweg 4, ☎ 822 0.5

Pz Neumeier, Walter-Böttcher-Str. 5, ☎ 467, II ⓪

Berghof (Halblech)
Vorwahl: 08368

Hg Alpenblick, Moorbadstr. 21, ☎ 9148990, III ☺ ①

P Alpenland, Falkenstr. 14, ☎ 699, II 0.5

Buching (Halblech)
Vorwahl: 08368

i Gästeinformation, Bergstr. 2a, ☎ 285 0.5

H Alpchalet Schwanstein, Romantische Str. 16, ☎ 9148090, III 0.5

H Bannwaldsee, Sesselbahnstr. 10, ☎ 9000, IV-V ☺ 0.5

Gh Alpengasthof Geiselstein, Füssener Str. 26, ☎ 260,

III 0.5
P Sonne, Leitenweg 1, ✆ 9149335, ✆ 0171/4930225, III-IV 0.5
Pz Mitzdorf, Schulweg 2, ✆ 1093, o.F., I 0.5
Pz Singer, Am Steig 3, ✆ 541, II 1
Fw Schichtl, Moorbadstr. 2, ✆ 478, III 0.5

Rieden am Forggensee
Vorwahl: 08362
Touristinformation, Lindenweg 4, ✆ 37025 0.5
Gh Rössle, Lindenweg 2, ✆ 9395395, III 0.5
P Haus Bergland, Faulenseestr. 9, ✆ 1822, I 1
P Fw Schwaiger, Säulingstr. 4, ✆ 921451, I-II 0.5
Ho Dreimäderlhaus, Osterreinerstr. 1, ✆ 9268752, ✆ 0172/8127634, III 0.5
Bh Baur, Almstr. 2 1/2, ✆ 08367/389, II 0
Camping Seewang, Tiefental 1, ✆ 406 0.5

Osterreinen (Rieden am Forggensee)
Vorwahl: 08362
P Maria, Forggenseestr. 18, ✆ 37000, III-IV 0.5
P Radlerhof, Forggenseestr. 1, ✆ 0178/4748803 0
Fw Ferienhof Haug, Bachtalstr. 12, ✆ 1810, III 0
Fw Haus Alpenblick, Bachtalstr. 4, ✆ 819227, II-IV 0
Haus Sonnenlage & Camping Magdalena, Bachtalstr. 10, ✆ 4931, III 0

Mühlberg (Schwangau)
Vorwahl: 08362
P Beim Joaser, Achweg 9, ✆ 98380, III 0

Schwangau
Vorwahl: 08362
Tourist-Information, Münchener Str. 2, ✆ 81980 0
H **Helmer, Mitteldorf 10, ✆ 9800, III-IV** 0
H Das Schwanstein, Kröb 2, ✆ 98390, III 0
H König Ludwig, Kreuzweg 15, ✆ 8890, o.F., VI 0.5
H Neuschwanstein, Geblerweg 2, ✆ 8209, III 0
Hg Weinbauer, Füssener Str. 3, ✆ 9860, III-IV 0
Gh Hanselewirt, Mitteldorf 13, ✆ 8237, III-IV 0
Gh Zur Post, Münchener Str. 5, ✆ 98210, III-IV 0
P Haus Guggemos-Velle, Mitteldorf 16, ✆ 986508, I-II 0
P Haus Martina, Am Jürgenfeld 16, ✆ 8506, III 0
P Haus Moni, Schloßstr. 8, ✆ 8080, III 0
Pz Fw Beim Bäremang, Mitteldorf 21, ✆ 8022, II-III 0

Pz Haus Weiss, Mitteldorf 6, ✆ 9395857, I-II 0
Bh Augustinerhof, Füssener Str. 49, ✆ 8954, I-II 0.5
Bannwaldsee, Münchener Str. 151, ✆ 93000 0
Todos Fahrrad & Outdoor, Füssener Str. 13, ✆ 9251970 0

Brunnen (Schwangau)
Vorwahl: 08362
H Huberhof, Seestr. 67, ✆ 81362, IV 0
Gh Seeklause, Seestr. 75, ✆ 81091, III 0.5
P Gästehaus Stefanie, Seestr. 65, ✆ 8257, III 0
Pz Lutz, Seestr. 47, ✆ 8935, II 0
Bh Haus Helmer, Seestr. 59, ✆ 8255, II 0
Bh Ponyhof Fischer, Seestr. 37, ✆ 8281, II 0.5
Brunnen, Seestr. 81, ✆ 8273 0.5

Waltenhofen (Schwangau)
Vorwahl: 08362
H Maximilian, Marienstr. 16, ✆ 9880, IV-V 0
Gh Am See, Forggenseestr. 81, ✆ 93030, III-IV 0
P Fw Gerlinde, Forggenseestr. 85, ✆ 8233, III 0
Pz Fw Moarhof, Moarweg 24, ✆ 8244, III 0
Bh Landhaus Ziller, Forggenseestr. 57, ✆ 8698, I-II 0

Hohenschwangau (Schwangau)
Vorwahl: 08362
Ticket-Center Neuschwanstein-Hohenschwangau, Alpseestr. 12, ✆ 930830 0.5
H Alpenhotel Allgäu, Schwangauer Str. 37, ✆ 81152, III 0
H Alpenstuben, Alpseestr. 8, ✆ 98240, III-V 0
Hg Schlossblick, Schwangauer Str. 7, ✆ 81649, II-III 0

Alterschrofen (Schwangau)
Vorwahl: 08362
H Haus Alpenrose, Sonnenweg 1, ✆ 9395772, ✆ 0171/8964269, III-IV 0
H Waldmann, Parkstr. 5, ✆ 8426, III-IV 0

Horn (Schwangau)
Vorwahl: 08362
H Guglhupf, Füssener Str. 107, ✆ 939650, III-V 0.5
H Helmerhof, Frauenbergstr. 9, ✆ 98350, IV 0
H Kleiner König, Kienbergweg 10-12, ✆ 8010, IV 0
H Rübezahl, Am Ehberg 31, ✆ 8888, VI 0
H Steiger, Frauenbergstr. 52b, ✆ 81067, III-IV 0
Pz Fw Haus beim Lenzer, Forchenweg 7, ✆ 8988, II-III 0

Ⓑ 🅰 Jägerhof & Jägerstadel, Frauenbergstr. 26, ✆ 88227, III ☉ ⓪

Ⓑⓗ Ⓕⓦ Beim Schlux, Frauenbergstr. 38, ✆ 8921, II–III ⓪

Füssen
Vorwahl: 08362

ⓘ Tourist-Information, Kaiser-Maximilian-Pl. 1, ✆ 93850 ⓪

Ⓗ **Wellnesshotel Sommer, Weidachstr. 74, ✆ 91470, V–VI** ⓪

Ⓗ Best Western Plus, Augsburger Str. 18, ✆ 926300, V–VI ⓪̄5̄

Ⓗ Christine, Weidachstr. 31, ✆ 7229, IV ⓪̄5̄

Ⓗ Filser Urlaubs- und Kurhotel, Säulingstr. 3, ✆ 91250, III–IV ☉ ⓪̄5̄

Ⓗ Luitpoldpark-Hotel, Bahnhofstr. 1-3, ✆ 9040, IV–VI

☉ ⓪̄5̄

Ⓗ Schlosskrone, Prinzregentenpl. 2-4, ✆ 930180, IV-VI ☉ ⓪

Ⓗ Sonne, Prinzregentenpl. 1, ✆ 9080, IV-V ⓪

Ⓗ Zum Hechten, Ritterstr. 6, ✆ 91600, III-IV ⓪̄5̄

Ⓗⓖ Fürstenhof, Kemptener Str. 23, ✆ 91480, III-IV ī

Ⓖⓗ Schöberl, Luitpoldstr. 14-16, ✆ 922411, III ⓪̄5̄

Ⓟ Haus Lutz, Frauensteinweg 54, ✆ 3209, II ⓪̄5̄

Ⓟ Kößler, Zalingerstr. 1, ✆ 4069, III-IV ī

Ⓟ Landhaus & Pension Christian, Welfenstr. 35, ✆ 38660, ✆ 0170/4317903, III ☉ 1̄.5̄

Ⓟⓩ Haus Rösel, Kreuzkopfstr. 4, ✆ 6653, ✆ 0160/94942678, II ⓪̄5̄

Ⓟⓩ Höbel, Frauensteinweg 42c, ✆ 2950, I ⓪̄5̄

Ⓟⓩ Marlis Wagner, Von-Freyberg-Str. 67, ✆ 2115, II ī

Ⓗⓞ Bavaria City Hostel - Design, Reichenstr. 15, ✆ 9266980, I-III ⓪̄5̄

Ⓙⓗ Jugendherberge Füssen, Mariahilfer Str. 5, ✆ 7754, II ☉ ī

Ⓩ Cube Store, Froschenseestr. 45, ✆ 39712 2̄

Ⓩ 🔧 Radsport Zacherl & Müller, Kemptener Str. 29, ✆ 3292 ī

Ⓩ 🔧 Ski-Sport Luggi Fahrradstation, Luitpoldstr. 11, ✆ 5059155 ⓪̄5̄

Bad Faulenbach (Füssen)
Vorwahl: 08362

Ⓗ Aktiv Hotel Schweiger, Ländeweg 2, ✆ 91400, IV ☉ ī

Ⓕ Ferienhotel Berger, Alatseestr. 26, ✆ 91330, III-IV ī

Ⓗ Frühlingsgarten, Alatseestr. 8, ✆ 91730, III-IV ī

Ⓗ Kur- und Vitalhotel Wiedemann, Am Anger 3, ✆ 91300, IV-V ī

Ⓗ Ruchti's Hotel & Restaurant, Alatseestr. 38, ✆ 91010, III-IV ☉ ī

Ⓗⓖ Jakob, Schwärzerweg 6, ✆ 91320, III-IV ☉ ī

Ⓖⓗ Gästehaus St. Ulrich, Alatseestr. 1, ✆ 9000, III-IV ī

Ⓟⓩ Bagci, Am Kapellenberg 1, ✆ 941761, II ī

Ⓕⓦ Elise, Alatseestr. 30, ✆ 9308844, II ī

Weißensee (Füssen)
Vorwahl: 08362

Ⓗ Appartementhotel Seespitz, Pfrontener Str. 45, ✆ 38899, V 6̄

Ⓗ Bergruh, Alte Steige 16, ✆ 9020, III-IV 6̄

Ⓗⓖ Dreimäderlhaus, Pfrontener Str. 43, ✆ 91900, III-VI 6̄

Ⓗⓖ Steigmühle, Alte Steige 3, ✆ 91760, III-IV 6̄

Ⓖⓗ Weisser Hirsch, Wiedmar 10, ✆ 08363/438, III-V 6̄

Ⓟ Landhaus-Pension Seehof, Gschrifterstr. 9, ✆ 6822, III 5̄

Ⓟ Pension Carina, Seeweg 2, ✆ 9392895 6̄

Ⓟⓩ Branderhof, Brand 1, ✆ 5577, II 6̄

Ⓕⓦ Rosengarten, Steigmühlenweg 13, ✆ 8836115 6̄

Ortsindex

Die Seitenzahlen ab S. 118 beziehen sich aufs Übernachtungsverzeichnis.

Danke

Dank an alle, die uns bei der Erstellung dieses Buches tatkräftig unterstützt haben. Besonderen Dank für die Informationen an: H. Baumgartner; D. Schöngart, Gerbrunn; I. u. H. Scheich, Eiterfeld/Arzell; F. Loos, Garbsen; H. Baur-Weber, Rafz; A. u. J. Manderscheid, Rottenburg; D. Hecker, Schauenburg; P. Klein, Bodenheim; M. u. P. Berth, Leichlingen; H. Aschka, München; M. Gorius, Kleinblittersdorf; G. Kreutzfeldt, Bad Schwartau; W. Wittmann, Erlangen; Dr. W. Weber, Bremen; G. u. M. Schmidt-Gröttrup, Bremen; E. Salami, C. Kaletsch, München; I. Dolzer, G. Hösl u. S. Weiten, Nürnberg; D. u. K. Schmid, Regenstauf; M. Michelsen, Kitzingen; C. Gerngroß, Nürnberg; S. Bittner, B. Schulz, Hamburg; P. Widner, Montabaur; H. Ortland, Oldenburg; C. Echtler, Rottenbuch; J. Meusel, Dresden; I. und P. Steinmann; P. Willwacher; R. und L. Neumann, Brigachtal; E. Fuchs, Schweinfurt; T. Unser, Eppelheim; H. Loser, Jona; F.-J. Storksberger, Nordwalde; K. Struve, W. Schmitt, Ludwigshafen; B. Kloep, Erftstadt; M. Kustos, Germering; G. Schill, Frankfurt am Main; S. Knoll, Münsingen; R. Joachimi, Kiel; M. Heyer, Erlangen; K. Lausten; M. Haas, Leinburg; T. Alblas; E. Rüger, Rieneck; E. Unzeitig, Nürtingen; K. Kibowski, Dortmund; U. Homfeld; T. Moser; W. Steinmeier; W. Köller, Leverkusen; I. Kaiser, Bad Tölz; Fam. Wagner; B. Scherb, Illerrieden; U. u. R. Goegelein, Ludwigshafen; J. Gödde, Dortmund; G. König; R. Rebmann; T. Karg, Neustadt/Waldnaab;